Más de 300 recetas libres de gluten

Para niños (con autismo e intolerancias alimentarias); deliciosas, variadas y realmente sencillas de preparar

Carla J. López

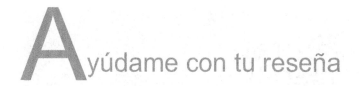

Ayúdame con tu reseña

Tu reseña es muy importante pues me ayuda a llegar a otras personas. **Solo te tomará 1 minuto o menos dejármela, pero a mí me ayudará eternamente.**

¿Cómo dejar tu reseña? Es sencillo, solo debes:

1. Solo debes ir a Amazon, a tu apartado de compras y buscar el recetario.
2. Haz clic en él y baja hasta el final de la página de Amazon.
3. Presiona en *"Escribir mi opinión"* y coloca la puntuación y reseña que desees... Tal como lo ves en la siguiente imagen:

¡De antemano mil gracias, Dios te bendiga!

Introducción

En este recetario conocerás todas las recetas y tips, en general, que he aprendido a lo largo de más de 3 años; luego de que mi hijo fuese diagnosticado dentro del Trastorno del Espectro Autista (TEA), cuando solo tenía 15 meses de edad.

Para aquel momento todo podía verse cuesta arriba, pues tras el diagnóstico de un autismo que iba de leve a moderado, había una gran probabilidad de que mi pequeño también estuviese presentando intolerancias y/o alergias alimentarias.

¿Y adivinen qué? ¡Así fue! Los exámenes no solo revelaron intolerancia al gluten, sino que detectaban alergias múltiples a alimentos y componentes como la caseína, la soya, las carnes rojas, la carne de cerdo, el chocolate (a pesar de qué nunca lo había consumido), el maíz, el huevo, los cítricos y el cambur o banano.

Si de por sí ya era un desafío inmenso el toparnos con esta condición, podrán imaginarse cómo nos sentimos al saber que la mayoría de los alimentos que nosotros manejábamos no eran aptos para él. Fueron meses muy duros, de duelo, aceptación y adaptación; muchos cursos, asesorías y visitas a múltiples profesionales nutricionistas, pues ninguno nos acababa de convencer.

Pero todo buen esfuerzo trae sus frutos, y poco a poco pudimos establecer rutinas de alimentación balanceada y sana. Incluso, a los 2 años luego de los primeros exámenes desaparecieron algunas alergias y otras se minimizaron mucho, por lo que los médicos aprobaron la introducción paulatina de algunos alimentos, los cuales se acoplaron con éxito a su sistema inmune.

Y esto es lo que me ha traído hasta acá, pues, aunque parezca sencillo, conseguir recetas apropiadas para un niño pequeño fue una odisea total. Así que decidí recopilar aquellas que me funcionaron, muchas de las cuales tuve que adaptar y otras tantas a las que les dí vida, luego del ensayo y error.

Soy de un país latino en donde muchos de los alimentos sustitutos tienden a ser difíciles de conseguir o demasiado costosos, por eso me tocó reinventarme e ir probando con diferentes opciones que también fuesen sanas pero que se adaptaran a los gustos de mi peque.

A las mamás y papás que me leen solo les digo que no tengan miedo, que se arriesguen a inventar sus propias recetas e irán dando con creaciones maravillosas que les sacarán sonrisas a sus niños.

Y quiero aclarar que estas recetas también son válidas para adultos que presentan intolerancias o alergias. Además, aunque se basan principalmente en recetas libres de gluten, también hallarán algunas que excluyen otros grupos de alimentos.

Espero les sirva de mucho y pueda aportar un granito de arena en sus caminos, en sus cocinas y en esos estómagos juguetones de sus pequeñines.

Tabla de contenido

Meriendas, snacks o comidas básicas

Tortillas de batata, al estilo de Bimbo

Ingredientes:
- Batata sancochada
- Sal
- 2 cucharadas de aceite
- Orégano
- ½ taza de almidón de yuca o de mix de harinas
- Zanahoria o calabacín rallado (opcional)

Procedimiento:
1. Primero se debe tomar la batata, sancocharla (que quede al dente) y dejarla en la nevera durante una noche, a fin de que suelte el almidón.
2. Luego rallar la batata por el lado fino de un rallador, agregar sal, aceite, y orégano al gusto.
3. Procede a agregar el almidón de yuca y la zanahoria o el calabacín (previamente se deben rallar y colocar sobre un pañito, a fin de quitar el exceso de agua).
4. Mezclar todo muy bien, amasar, formar bolitas uniformes y colocarlas sobre un papel plástico.
5. Colocar otro papel plástico en la parte de arriba y presionar un poco con una plancha, tabla, pisador, pataconera o lo que tengas a la mano.
6. Una vez que la masa quede súper delgada llevala a un sartén antiadherente y déjala dorar por ambos lados
7. Finalmente sácalas y colócalas sobre un pañito.
8. Puedes acompañarlas con cualquier ingrediente.

Tortillas de ocumo, al estilo de Bimbo

Ingredientes:
- Ocumo sancochado
- Sal
- 2 cucharadas de aceite
- Orégano, cúrcuma y especias que desees
- ½ taza de almidón de yuca (opcional)
- Zanahoria o calabacín rallado (opcional)

Procedimiento:
1. Primero se debe tomar el ocumo, sancocharlo (que quede al dente) y dejarlo en la nevera durante una noche, a fin de que suelte el almidón.
2. Luego rallar la batata por el lado fino de un rallador, agregar sal, aceite, la cúrcuma y el orégano al gusto.
3. Agregar el almidón de yuca, y si lo deseas incluye la zanahoria o el calabacín(previamente se deben rallar y colocar sobre un pañito, a fin de quitar el exceso de agua)
4. Mezclar todo muy bien, amasar, formar bolitas uniformes y colocarlas sobre un papel plástico.
5. Colocar otro papel plástico en la parte de arriba y presionar un poco con una plancha, tabla, pisador, pataconera o lo que tengas a la mano,

6. Una vez que la masa quede súper delgada llevala a un sartén antiadherente y déjala dorar por ambos lados.
7. Finalmente sácalas y colócalas sobre un pañito.
8. Puedes acompañarlas con cualquier ingrediente.

Tortillas de papa, al estilo de Bimbo

Ingredientes:
- Papa
- Pizca de sal
- Un poco de aceite
- Orégano o cúrcuma al gusto
- ½ taza de almidón de yuca o mix de harinas
- Calabacín o zanahoria (rallados)
- Ajonjolí tostado, perejil o cilantro (opcional)

Procedimiento:
1. Sancochar la papa y retirar cuando esté al dente.
2. Tomar la papa aún caliente y hacerla puré
3. Colocar la sal, aceite, y orégano o cúrcuma.
4. Incorporar el almidón de yuca o mix de harinas.
5. Agregar la zanahoria o calabacín (previamente se deben rallar y colocar sobre un pañito, a fin de quitar el exceso de agua).
6. Incluir el ajonjolí tostado, cilantro o perejil (opcional).
7. Mezclar todo muy bien, amasar, formar bolitas uniformes y colocarlas sobre un papel plástico.
8. Colocar otro papel plástico en la parte de arriba y presionar un poco con una plancha, tabla, pisador, pataconera o lo que tengas a la mano,
9. Una vez que la masa quede súper delgada llevala a un sartén antiadherente y déjala dorar por ambos lados
10. Finalmente sácalas y colócalas sobre un pañito.
11. Puedes acompañarlas con cualquier ingrediente.

Tortillas de lentejas

Ingredientes:
- 2 tazas de lentejas previamente cocidas (sin sal)
- 1 taza de almidón de yuca
- 1 taza de harina de arroz
- 1 cucharadita de goma xanthan
- 1 cucharadita de polvo de hornear sin gluten
- 3 cucharadas de aceite de girasol
- ¾ de cucharadita de sal marina

Procedimiento:
1. Coloca todas las lentejas en un procesador, luego colócalas en un bowl.

2. Incorpora poco a poco los otros ingredientes, hasta lograr una masa suave que no sea pegajosa.
3. Forma las tortillas estirando la masa, para ello puedes ayudarte colocando la masa entre dos bolsas plásticas o siliconas.
4. Pon a calentar una plancha, coloca las tortillas y dales vuelta y vuelta.
5. Finalmente, para que se mantengan suaves, ponlas en un paño limpio y envuelvelas.

Tips:

★ Puedes mantenerlas más tiempo en la plancha si quieres unas tortillas crujientes.
★ Antes de usar las lentejas recuerda que las mismas deben estar bien cocidas y escurridas.
★ Agrega un poco de líquido de la cocción si ves que la masa está seca.
★ Si la masa se siente pegajosa, entonces ponle un poco de harina de arroz o de almidón de yuca.
★ Es ideal que estires la masa pasando el rodillo por encima de la bolsa o manta de silicón.
★ Para que el rodillo pase con más soltura coloca un poco de almidón de yuca en la bolsa o manta de silicón.
★ Si gustas puedes saborizar la masa con las especies de tu gusto.

Tortillas de calabaza o auyama

Ingredientes:
- ¾ de tazas de calabaza
- 2 tazas de mix de harinas
- ½ taza de almidón de yuca
- 2 cucharadas de aceite oliva, o del aceite permitido
- Cúrcuma y orégano
- Sal

Procedimiento:
1. La calabaza la debes cocinar al vapor y luego hacerla puré.
2. Coloca el mix de harinas y el almidón en un bowl, y procede a reservar.
3. Toma otro bowl y combina el puré, el aceite, la sal y las especies.
4. Agrega poco a poco la harina y almidón y mezcla muy bien hasta obtener una mezcla que no sea pegajosa ni esté muy seca.
5. Mezclar todo muy bien, amasar, formar bolitas uniformes y colocarlas sobre un papel plástico.
6. Colocar otro papel plástico en la parte de arriba y presionar un poco con una plancha, tabla, pisador, pataconera o lo que tengas a la mano,
7. Una vez que la masa quede súper delgada llevala a un sartén antiadherente y déjala dorar por ambos lados
8. Finalmente sácalas y colócalas sobre un pañito.
9. Puedes acompañarlas con cualquier ingrediente.

Tortillitas de arroz

Ingredientes:
- 1 taza de arroz cocido con vegetales (puedes hacer 1 taza de arroz blanco y agregarle los vegetales picados o rallados)
- Opciones de vegetales: calabacín rallado, cilantro y perejil
- Pollo (opcional)
- Queso vegano (opcional)
- 1-2 cucharadas de harina de arroz
- 1 cucharada de aceite de coco (opcional)
- 1 cucharada de endulzante (opcional)
- Canela
- 1 huevo batido

Procedimiento:
1. Mezcla todos los ingredientes.
2. Toma pequeñas porciones con una cuchara y colócalas en una sartén antiadherente.
3. Dora por ambos lados y listo.

Arroz con coco aromatizado

Ingredientes:
- 1 taza de arroz blanco o integral
- 3 tazas de agua
- 3 tazas de leche de coco
- 1 taza de azúcar de coco o 1 y ½ tazas de panela triturada
- Una pizca de sal
- 1 astilla de canela
- 4 granos de guayabita
- Un trocito de sarrapia
- 4 clavos de especia
- ½ taza de coco rallado

Procedimiento:
1. Lava el arroz y colócalo al fuego con las 3 tazas de agua, cuando hierva baja el fuego y déjelo cocinar, removiendo de vez en cuando, hasta que el agua se absorba.
2. Agrega la leche de coco, la pizca de sal, la canela, los clavos y el coco rallado
3. Cocina a fuego no muy fuerte, removiendo de vez en cuando.
4. Cuando empiece a volverse cremoso, agrega el azúcar de coco o papelón.
5. Cocina el dulce unos minutos más, hasta que tenga una consistencia bien espesa.
6. Retira del fuego y viértelo en una dulcera. Puedes retirar las especias si es tu deseo.
7. Déjalo refrescar y agrega un poco de canela molida o arequipe de coco por encima.
8. Disfruta tu arroz con coco, caliente, tibio o frío.

Pan de yuca

Ingredientes:
- Yuca (la cantidad deseada)
- Sal
- Aceite permitido

Procedimiento:
1. Ralla la yuca por el lado fino de un rallador doméstico.
2. Exprímela para eliminar el exceso de líquido.
3. Coloca sal al gusto.
4. Extiende una capa delgada en un refractario aceitado.
5. Lleva al horno hasta que quede dorada por debajo y crujiente.

Pan vegano sin gluten y sin levadura

Ingredientes:
- 1 taza de harina de arroz blanco
- ½ taza de harina de arroz integral
- ½ taza de arrowroot o sagú
- ½ taza de harina de yuca
- 2 cucharadas de linaza molida
- 2 cucharadas de harina de garbanzos
- 1 cucharadita de goma xanthan
- 1 cucharada de polvo para hornear sin gluten
- 2 cucharadas de miel de agave
- 2 cucharadas de aceite de girasol
- 1 cucharadita de sal
- 2 y ¼ de taza de leche vegetal (no colocar agua)

Procedimiento:
1. Mezcla todos los ingredientes secos en un bowl, pasa por un tamiz y reserva.
2. En otro recipiente coloca todos los ingredientes líquidos y la sal.
3. Une las dos preparaciones con ayuda de una paleta, hasta obtener una mezcla suave y homogénea.
4. Engrasar muy bien un molde para pan que tenga tapa y colocar la mezcla. Puedes colocar Chía o ajonjolí por encima para decorar.
5. Llevar al horno precalentado a 180°C por aproximadamente 20 min, quitar la tapa y continuar horneando hasta que esté doradito en la superficie y al insertar un palillo salga seco.
6. Disfruta de este delicioso pancito con lo que gustes.

Pancitos de apio

Ingredientes:
- ½ taza de apio hecho puré (puedes sancocharlo o hacerlo al vapor)
- ⅓ taza de agua

- ⅓ taza de aceite
- 1 taza de harina de yuca
- 5 cucharadas de mezcla de multigranos
- 1 cucharada de Sagú-Zulu (opcional)
- 1 cucharada de almidón de yuca
- ½ cucharadita de goma xanthan o goma guar
- ½ cucharadita de polvo de hornear
- Sal y especias al gusto.
- Semillas de ajonjolí para decorar
- Leche vegetal con endulzante o huevo (para barnizar)

Procedimiento:
1. Mezclar todos los ingredientes líquidos y reservar.
2. En otro bowl mezclar los ingredientes secos.
3. Unir primero con paleta, con movimientos envolventes y luego amasar con poca presión.
4. Dejar reposar la mezcla unos 20 min. En este tiempo precalentar el horno.
5. Armar bolitas y colocar sobre papel parafinado o bandeja engrasada.
6. Barnizar y agregar el ajonjolí.
7. Llevar al horno.
8. Servir con lo que gustes.

Tips:
★ Puedes hacerlos con batata, ocumo chino, yuca o papa.

Pan a bajo costo

Ingredientes:
- 2 tazas de arroz crudo
- 4 huevos
- ½ taza de aceite
- ½ taza de leche vegana
- 1 cucharadita de sal marina
- 1 cucharadita de vinagre de arroz, vinagre de manzana o de gotas de limón.
- 1 y ½ cucharadita de polvo de hornear
- 2 cucharadas de endulzante (opcional)
- Semillas de ajonjolí y chia para decorar

Procedimiento:
1. Lavar y remojar el arroz durante mínimo 6 horas, agregando el vinagre.
2. Retirar el agua del remojo y colocar todos los ingredientes en la licuadora (menos el polvo de hornear).
3. Licuar hasta que el arroz quede diluido.
4. Pasar la mezcla por un colador para retirar lo que quede de arroz en granitos.
5. Colocar en un bowl, agregar el polvo de hornear e integrar.
6. Colocar la mezcla en el molde para pan (previamente engrasado y enharinado), agregar las semillas para decorar y hornear a 180°C por aproximadamente 30-40 min. Hasta que el palillo salga seco.

7. Dejar enfriar y disfrutar.

Tips:
- ★ El arroz se procesa crudo.
- ★ Cualquier arroz funciona.
- ★ Puedes hacer la versión salada y retirar el endulzante, agregando un toque de ajo molido y orégano.
- ★ Puedes añadir zanahoria rallada o licuarla, si lo deseas.

Pan integral de linaza

Ingredientes:
- 1 taza de agua tibia
- 2 cucharaditas de levadura instantánea
- 2 cucharadas de miel, agave o panela (xilitol y stevia no funcionan en esta receta)
- 1 taza de harina de arroz integral (si no tienes puedes usar arroz blanco)
- ¼ de taza de harina de arroz blanco
- ½ taza de semillas de linaza molida
- ¾ de taza de arrowroot o almidón de papa
- ¼ de taza de almidón de yuca
- 1 y ¾ de cucharadita de goma xanthan
- 1 cucharadita de sal marina
- 2 cucharaditas de vinagre de arroz
- 2 cucharadas de aceite de oliva o girasol
- 2 huevos
- 2 claras de huevo

Procedimiento:
1. En un tazón combina los ingredientes secos, excepto la sal.
2. En otro recipiente mezcla los huevos, miel, aceite, sal y vinagre, hasta que estén bien integrados.
3. Combina las dos preparaciones y bate a velocidad media con la batidora, por alrededor de 4 a 5 minutos.
4. Coloca la mezcla en un molde para pan engrasado, espolvorea chía y ajonjolí, tapa y coloca en un lugar tibio por 25 a 30 minutos, o hasta que doble el volumen (ojo no dejar leudar de más).
5. Una vez leudado se lleva a un horno precalentado a 180 grados, y se hornea de 35 a 45 minutos o hasta que suene hueco.
6. Deja enfriar antes de rebanar

Tips:
- ★ Si deseas hacer pan para hamburguesas, dale forma a la masa y ponla en moldes para este tipo de pan.

Pan Básico

Ingredientes:

- 225 gramos de fécula de maíz o Maizena
- 145 gramos de harina de arroz o harina de yuca
- 3 cucharadas de azúcar morena, miel o agave (no funciona con xilitol ni con stevia)
- 3 huevos
- 1 y ¼ tazas de agua
- ¼ de taza de aceite de girasol o maíz
- 1 y ¼ de cucharaditas de sal
- 2 cucharaditas de levadura sin gluten instantánea
- 1 y ½ cucharadita de goma xanthan

Procedimiento:

1. En un recipiente combinar las dos harinas, junto con la levadura y la goma. Mezclar para que se incorporen bien y reservar.
2. En otro recipiente combinar el agua, huevos, aceite, azúcar y sal. Mover con batidor hasta que se disuelva todo.
3. Agregar un poco de la mezcla de harinas y batir con batidor, para que se vaya formando una masa líquida, hasta terminar con la mezcla de harinas. (Si no puedes seguir con el batidor puedes mezclar con las manos).
4. Tener a mano un molde enmantecado o aceitado (preferiblemente rectangular) y colocar la mezcla.
5. Leudar por unos 45 minutos o hasta doblar su tamaño.
6. Llevar al horno precalentado a unos 250 grados y bajarlo a unos 180 cuando comience a oler a pan. Dependiendo de cada horno el tiempo aproximado sería de unos 40 minutos o hasta que el palillo o cuchillo salga seco.

Tips:

★ Esta versión es con huevos, pero se puede sustituir por harina de garbanzos (ver sustitutos del huevo).

Pan blanco sin gluten

Ingredientes:
- 3 y ¼ de tazas de mix de harinas (sin la goma xanthan)
- 2 cucharaditas de levadura sin gluten
- 2 cucharadas de miel
- 1 y ¼ taza de agua tibia
- 2 cucharaditas de goma xanthan
- 1 cucharadita de sal
- 3 huevos grandes
- ¼ de taza de aceite de girasol

Procedimiento:

1. En un bowl combina la mezcla de harinas, goma xanthan y levadura.
2. En otro bowl añadir el aceite, sal, huevos, miel y agua.
3. Mezcla las dos preparaciones con ayuda de una batidora o con una paleta.
4. Engrasar el molde para pan y agregar la mezcla en este.
5. Poner a leudar en un lugar tibio de 20 a 25 minutos o hasta que doble el volumen.
6. Hornear a 180º C, por 20 a 25 minutos.

7. Sacar del horno, desmoldar inmediatamente y dejar enfriar para rebanar.

Pan Sueco

Ingredientes:
- 1 y ¼ de taza de harina de arroz integral
- ¼ de taza de harina de yuca
- 1 taza de agua
- ¼ de taza de merey
- ½ cucharadita de goma xanthan
- ½ cucharadita de sal
- ½ cucharada de agave
- Ajonjolí, Chía y/o linaza.

Procedimiento:
1. Coloca el agua, merey, sal y agave en la licuadora y procesa hasta obtener una mezcla uniforme.
2. Combina las harinas y la goma en otro recipiente.
3. Une las dos preparaciones en un bowl hasta que estén bien mezcladas.
4. Lleva la mezcla a una bandeja engrasada y enharinada y distribuye uniformemente con ayuda de una cuchara o paleta húmeda.
5. Espolvorea el ajonjolí, la chía o lo que desees.
6. Lleva a un horno precalentado a 160°C por aproximadamente 15 minutos o hasta que los bordes estén ligeramente dorados.

Pan de bono

Ingredientes:
- 2 tazas de yuca sancochada al dente
- 1 taza de queso permitido
- 1 cucharada de aceite
- 2 huevos grandes
- 1 cucharadita de polvo de hornear
- Pizca de sal (dependiendo del nivel de sal del queso)
- Orégano y cúrcuma (opcional)
- 1 a 2 cucharadas de harina de maíz sin gluten (opcional)

Procedimiento:
1. Batir los huevos.
2. Agrega el aceite, pizca de sal, especias, polvo de hornear y queso.
3. Mezcla todo.
4. Incluye la yuca previamente cocida y rallada (por el lado fino del rallador).
5. Agrega la harina de maíz. Amasa hasta integrar.
6. Arma las bolitas. Coloca sobre papel parafinado o bandeja engrasada. Barniza.
7. Lleva al horno precalentado a 200°C, por unos 15 minutos, hasta que estén dorados.

Tips:
★ Puedes barnizar con huevo o con miel (a mitad de la cocción del pan).

★ Puedes agregar levadura nutricional.

Pan de mango y coco

Ingredientes:
- 2 tazas de mezcla de mix de harinas
- 2 cucharaditas de polvo para hornear
- 2 cucharaditas de canela molida
- ¼ de cucharadita de sal
- ½ taza de aceite de girasol
- 3 huevos
- 1 de taza endulzante o papelón granulado
- ½ de taza de agua
- 1 taza de pulpa de mango maduro (cortado en trozos)
- ½ taza de coco rallado

Procedimiento:
1. Coloca la mezcla de harinas en un bowl, con la canela y el polvo para hornear. Y reserva.
2. Aparte en otro bowl colocar los huevos y bate muy bien, hasta que dupliquen su volumen. Añade la sal y continúa batiendo.
3. Incorpora poco a poco el aceite y luego el endulzante.
4. Ahora vas a incorporar la mezcla de harina hasta lograr una mezcla uniforme, aquí agrega ¾ partes del coco rallado y el mango. Mezcla hasta lograr una integración homogénea.
5. Lleva la preparación a una bandeja previamente engrasada, coloca encima de la el resto del coco rallado y hornea por aproximadamente 25 minutos a 160° C o hasta que al introducir un palillo salga seco.
6. Retira del horno y deja enfriar un poco, corta y disfruta.

Pan nube

Ingredientes:
- 1 taza de queso vegano
- 2 huevos
- ¾ de taza de almidón de yuca o de harina de almendras
- 1 cucharada de levadura nutricional (opcional)
- Pizca de curcuma y orégano
- 1 cucharada de aceite

Procedimiento:
1. Batir los huevos y agregar el queso, aceite, levadura y especias.
2. Agregar el almidón de yuca o harina de almendras. Mezclar y amasar.
3. Formar bolitas y hacer tipo arepitas .
4. Llevar a sartén antiadherente y dorar por lado y lado u hornear por unos pocos minutos.
5. Abrir y servir con lo que deseen.

Pan de zanahoria y cacao

Ingredientes:
- 2 Huevos
- ¾ de taza de harina de garbanzos
- ¼ de taza de mix de harinas
- ½ taza de harina de arroz integral
- 2 cucharadas de aceite de coco
- 1 cucharada de vainilla o ralladura de sarrapia
- Naranja (ralladura y jugo)
- 1 cucharadita de polvo de hornear
- 1 taza de leche, de preferencia vegetal
- ½ taza de cacao en polvo
- Endulzante al gusto

Procedimiento:
1. Separa las claras de las yemas, batir y reservar.
2. En otro tazón agrega las yemas, aceite, zanahoria, vainilla o sarrapia, ralladura y toque de jugo de naranja y reserva.
3. Tamiza las harinas, polvo de hornear, cacao y agrega el endulzante. Mezcla con la preparación anterior y agrega la leche.
4. Por último agrega las claras de huevo con movimientos envolventes.
5. Coloca en el molde que desees utilizar.
6. Lleva a hornear a una temperatura entre 180-200°C de 35 a 40 minutos, o hasta que el palillo salga seco.
7. Apaga, deja reposar y desmolda.
8. Sirve con lo que desees.

Tips:
- ★ Calenté un poquito la leche de ajonjolí y agregué el cacao para darle un poco más de humedad.
- ★ La receta original solo pide: 1 taza de harina de garbanzos + 1/2 taza de harina de arroz.
- ★ Puedes usar menos cacao.

Pancitos de apio rellenos

Ingredientes:
- Apio sancochado al dente
- ½ taza de mix de harinas
- 4 cucharadas de aceite
- Toque de sal y curcuma
- 1 cucharada de miel (opcional)
- Pollo, carne o pescado con vegetales (previamente preparados y secos)

Procedimiento:
1. Triturar el apio aún caliente, agregar los demás ingredientes y amasar hasta obtener una masa que no se pegue en tus manos.

2. Tomar porciones y hacer tipo arepitas bien delgadas, colocar el relleno, cerrar y moldear.
3. Hornear o freír.

Tips:
★ Si vas a hornearlos debes barnizar con aceite y puedes colocar semillas de ajonjolí o chia.

Pan de maíz

Ingredientes:
- 1 y ¼ de taza de harina de maíz (de preferencia amarillo)
- 1 taza de mix de harinas
- ⅓ de taza de agave granulado
- 2 cucharaditas de polvo para hornear
- 1 cucharadita de sal
- 2 huevos
- 1 taza de leche de coco o de cualquier otra leche
- ⅓ de taza de aceite de girasol

Procedimiento:
1. Precalienta el horno a 160° C.
2. En un bowl combina las harinas, el agave, el polvo para hornear y la sal.
3. En otro bowl, bate los huevos, incorpora la leche y el aceite y mezcla.
4. Combina las dos preparaciones y mezcla hasta obtener una mezcla suave y uniforme.
5. Coloca la mezcla en un molde para pan (previamente engrasado y espolvoreado con un poco de harina de maíz)
6. Lleva al horno y cocina por 20 a 25 minutos, o hasta que al introducir un palillo salga seco.

Tostadas de calabaza o auyama

Ingredientes:
- ½ taza de leche de coco
- ⅓ de taza de puré de calabaza o auyama
- 2 huevos
- 2 cucharadas de endulzante granulado
- 1 cucharadita de pumpkin pie specie
- 6 rebanadas de pan sin gluten
- Aceite

Procedimiento:
1. Precalienta una plancha o sartén y coloca un poco de aceite.
2. En un bowl mezcla muy bien la leche, el puré de auyama, los huevos, el endulzante y las especias.
3. Vierte la preparación en un plato hondo.

4. Sumerge el pan en la mezcla de auyama (dejando unos segundos para que absorba la mezcla), luego gira para que se cubra el otro lado.
5. Lleva a la plancha y cocina por ambos lados, hasta que estén dorados.
6. Sirve calientes, con miel o con lo que desees.

Arepas de papas

Ingredientes:
- 3 papas medianas
- ½ taza de almidón o harina de maíz
- 2 cucharadas de aceite
- Sal al gusto
- 1 cucharadita de chía (opcional)

Procedimiento:
1. Pelar y cocinar las papas al vapor.
2. Formar un puré (con la papa caliente) y agregar la chía, sal, aceite, almidón o harina. La idea es formar una masa moldeable, no pegajosa.
3. Haz tus arepas como de costumbre. Incluso puedes hornearlas.
4. Servir con lo que gustes.

Tips:
- ★ Con almidón las arepas quedan tostadas por fuera y suaves por dentro.
- ★ Si deseas unas arepas más duras puedes colocar harina de maíz sin gluten y omitir el almidón.
- ★ Puedes hacer tortillas si lo deseas.

Arepas de platano sin harinas

Ingredientes:
- 2 plátanos pintones
- Vegetal de tu preferencia
- 1 cucharadita de aceite
- Toque de sal
- Limón
- Relleno de tu preferencia

Procedimiento:
1. Coloca agua en una olla. Agrega toque de zumo de limón (para evitar que se oxiden los plátanos) pela los plátanos y llevalos a cocción. Dejalos al dente (no muy cocidos).
2. Retira del fuego, colócalos en un bowl y hazlos puré en caliente.
3. Agrega los demás ingredientes (menos el relleno) y amasa.
4. Forma bolitas, extiéndelas, coloca el relleno, cierra y dales forma de arepitas.
5. Lleva a dorar por ambos lados en sartén antiadherente (previamente calentado), por unos pocos minutos.

Tips:

★ A los plátanos retirarles las hebritas negras que tienen dentro antes de llevarlos a cocción.
★ Puedes dar la forma que desees y hornear.
★ También puedes agregar la proteína a la masa, mezclar todo, hacer tostaditas y dorar por ambos lados. Esto para los niños que les cuesta comer proteínas.

Tostadas francesas

Ingredientes:
- Leche vegetal o 2 huevos
- 2 cucharadas de endulzante
- ¼ de cucharadita de canela
- Vainilla o sarrapia (opcional)
- Pan sin gluten (rebanadas o bastones)
- Aceite para engrasar la sartén

Procedimiento:
1. Batimos los huevos hasta que estén espumosos y agregamos los demás ingredientes. Si usas leche, bate la leche con el endulzante y agregas los demás ingredientes.
2. Mojamos las rebanadas de pan en la mezcla de leche o huevos, por los dos lados, e inmediatamente las ponemos en un sartén previamente engrasadao y caliente.
3. No mojar demasiado para evitar que se desmoronen. Dependiendo del pan.
4. Cocinamos un par de minutos por cada lado hasta que doren.
5. Disfruta con lo que desees.

Tips:
★ Puedes acompañar con lo que quieras, por ejemplo con mermeladas, sirope, pollo con vegetales, etcétera.

Palitos de plátano

Ingredientes:
- 1 plátano pintón
- Cilantro fresco (opcional)

Procedimiento:
1. Pela el plátano, pica en ruedas y lo colocas a cocinar en una olla con agua, hasta que esté blando.
2. Retira el plátano del agua y pisa con un tenedor hasta formar un puré, deja reposar.
3. Agrega cilantro picado (esto es opcional), amasa y forma los palitos.
4. Coloca los palitos en una sartén para dorar por ambos lados y listo.

Donas de banana o rosquibananas

Ingredientes:
- 1 taza de mix de harinas o de la harina libre de gluten que tengas

- ½taza de puré de cambur
- ½cucharadita de polvo de hornear
- ¼de cucharadita de sal
- Canela, vainilla o sarrapia al gusto

Procedimiento:
1. Coloca todos los ingredientes en un bowl y mezcla hasta lograr una masa manejable. Si sientes que la masa está dura agrega agua por cucharadas.
2. Deja reposar la masa unos 10 minutos.
3. Estira la masa y haz las rosquitas (puedes usar un cortador para donas o formar tipo mini arepitas y perforar con el dedo).
4. Freír en abundante aceite.
5. Colocar sobre papel absorbente para sacar excedente de aceite.
6. Servir con lo que gustes, ya sea miel, sirope, mermelada, etcétera.

Donas de banana, calabacín y zanahoria

Ingredientes:
- 1 calabacín pequeño rallado (escurrir todo el líquido)
- 1 zanahoria cruda rallada
- Ralladura de limón, naranja o mandarina (opcional). Usar si usas harina de granos, para contrarrestar el sabor de la misma
- 2 bananas grandes hechas puré
- 1 taza de leche vegetal
- ¼ de taza de aceite
- 1 taza de harina sin gluten
- ½ taza de almidón o 1 y ½ taza de mix de harinas
- 1 y ½ cucharadita de polvo para hornear
- ¼ de cucharadita de vinagre de arroz o de manzana (opcional) o gotas de limón
- ¼ de cucharadita de sal

Procedimiento:
1. Precalienta el horno a 200º C.
2. En un tazón mezcla todos los ingredientes secos: harina, almidón y el polvo para hornear.
3. En otro tazón agrega el aceite y la banana y mezcla bien (puedes usar batidora)
4. Agrega ½ taza de leche y continúa mezclando, ponle el vinagre o las gotas de limón, la ralladura y la sal.
5. Une los ingredientes secos con los líquidos y, dependiendo de la consistencia, agrega la otra ½ taza de leche poco a poco.
6. Deja de batir y agrega la zanahoria y el calabacín rallados, con movimientos envolventes.
7. Lleva la mezcla al molde de donas o si prefieres puedes hacerlo tipo muffins o pan.
8. Hornea durante unos 25 a 30 minutos o hasta que al introducir un palillo salga limpio.
9. Si les falta cocción después de ese tiempo déjalos un poco más (todo depende del horno).
10. Dejar reposar y disfrutar.

Tips:

★ Sustituye las harinas por las que tengas o uses (si agregas harina de coco, te recomiendo agregar solo ¼ de taza y el resto de otra harina).

★ Banana: hazla puré y luego con una batidora levanta como si estuvieras haciendo claras de huevo.

★ Leche: puedes agregar la leche vegetal que tengas permitida, si no tienes agrega agua (yo coloqué primero ½ taza y la otra ½ taza la agregué lentamente, buscando consistencia).

Donas de plátano y cacao

Ingredientes:
- 1 plátano pintón
- 1 y ½cucharadas de cacao en polvo
- 1 huevo
- 2 cucharadas de dátiles sin semillas (pueden ser ciruelas o pasas o puedes usar el endulzante que desees)
- 2 cucharadas de miel de agave
- Ralladura de sarrapia
- ¼ de cucharadita de polvo para hornear
- Chocolate oscuro para derretir
- Maní triturado para decorar (opcional)

Procedimiento:
1. Coloca en la licuadora el plátano cortado y sin concha junto con el huevo, el cacao en polvo, los dátiles, el agave y la sarrapia.
2. Procesa hasta obtener una mezcla uniforme.
3. Lleva la mezcla a un molde de donas previamente engrasado, para que no se peguen, y coloca en el horno precalentado a 180° por 12 minutos aproximadamente.
4. Deja enfriar y decora con el chocolate fundido y el maní triturado.

Donas de plátano

Ingredientes:
- 1 Plátano bien pintón crudo
- 3 cucharadas de harina de plátano o de la que uses
- 1 huevo
- 2 cucharadas de linaza molida (opcional)
- 1 cucharadita de canela
- 1 cucharadita de polvo de hornear
- 1 pizca de sal

Procedimiento:
1. Rallar o triturar el plátano con un tenedor (con el lado fino del rallador).
2. Batir el huevo con batidor manual, hasta verlo espumoso.
3. Añadir el resto de los ingredientes, mezclar bien y dejar reposar.

4. Mientras se calienta el horno a 180° C, vierte el contenido en moldes y lleva al horno por aproximadamente 30 minutos.
5. Sabrás que están listos cuando la superficie esté doradita y al introducir el palillo salga seco.

Tips:
★ Si no tienes moldes para donas puedes hacer ponquecitos.
★ Puedes hacerle un sirope de chocolate y decorar.

Blondies de zanahoria y naranja

Ingredientes:
- 1 taza de mix de harinas
- 1 cucharadita de polvo de hornear sin gluten
- ½ taza de miel de agave
- 2 huevos
- ⅓ de taza de aceite de girasol
- Una pizca de sal
- 1 y ½ taza de zanahoria rallada
- Ralladura de una naranja

Procedimiento:
1. Mezclar la harina y el polvo de hornear, pasas por un tamiz y reservar.
2. En otro recipiente bate los huevos hasta que estén bien espumosos y hayan doblado su volumen.
3. Incorpora la sal, ralladura de naranja e incluye poco a poco la miel.
4. Añade el aceite lentamente, en forma de hilo.
5. Incorpora la mezcla de harina poco a poco, bate con la paleta de forma envolvente.
6. Incorpora la zanahoria rallada.
7. Vacía la mezcla en un recipiente engrasado y con un poco de harina.
8. Hornea en horno precalentado a 180 grados, por 20 minutos o hasta que al introducir un palillo salga seco.
9. Saca del horno, desmolda, deja enfriar y corta en cuadrados del tamaño deseado.

Galletas con cambur verde

Ingredientes:
- 400 gramos de cambur verde (4 cambures aproximadamente)
- 4 cucharadas de aceite
- 4 cucharadas de harina de cambur
- ½ cucharadita de cúrcuma en polvo
- 1 cucharadita de orégano seco molido
- 1 cucharadita de sal
- 1 cucharadita de bicarbonato
- Puedes agregar: 1 cucharada de levadura nutricional y 1 cucharadita de chía y ajo molido.

Procedimiento:

1. Cocinar en agua los cambures y dejarlos al dente.
2. Rallarlos por el lado fino del rallador.
3. Agregar todos los ingredientes amasando muy bien.
4. Estirar o aplastar la masa entre 2 plásticos engrasados, hasta dejar el grosor deseado.
5. Cortar las formas de las galletas y embandejar.
6. Hornear a 180° C por 20 minutos aproximadamente, hasta quedar crocantes.
7. Dejar enfriar.
8. Almacenar en envase hermético.

Galletas de nueces

Ingredientes:
- 1 taza de mezcla mix de harinas
- ⅓ de taza de nueces molidas
- ½ cucharadita de polvo para hornear
- ¼ de cucharadita de bicarbonato
- ⅓ de taza de ghee o manteca vegetal
- ⅓ de endulzante granulado
- 1 huevo
- Pizca de sal
- Vainilla al gusto

Procedimiento:
1. Combina en un bowl los 4 primeros ingredientes y reserva.
2. En otro bowl mezcla el endulzante, el huevo, el ghee, la sal y la vainilla.
3. Combina las dos preparaciones, hasta obtener una masa suave y uniforme.
4. Deja reposar la masa 15 minutos en el refrigerador.
5. Ahora forma tus galletas.
6. Lleva la bandeja al horno precalentado a 180° C. Por aproximadamente 12 minutos o hasta que estén doraditas.
7. Deja enfriar y disfruta.

Galletas de chocolate y naranja

Ingredientes:
- 1 taza de pasta de cacao rallada
- 100 gramos de mantequilla clarificada o manteca vegetal
- 1 y ½ taza de mix de harinas
- ¼ de taza de cacao en polvo
- 1 y ⅓ tazas de papelón molido
- 2 huevos
- ¼ de cucharadita de sal marina
- 1 cucharadita de polvo para hornear
- ½ cucharadita de cardamomo
- ½ cucharadita de pumpkin pie specie
- Ralladura de una naranja

- Gotas o trocitos de chocolate

Procedimiento:
1. Mezcla la harina con el polvo para hornear, el cacao en polvo y las especias. Luego reserva.
2. Mezcla la mantequilla clarificada y el papelón pulverizado, con ayuda de la batidora, hasta que estén cremosos.
3. Incorpora los huevos, la sal marina y continúa batiendo.
4. Finalmente añade la mezcla de harinas y bate con ayuda de una paleta.
5. Incorpora las gotas o trocitos de chocolate.
6. Lleva la mezcla al congelador por 10 minutos.
7. Arma las galletas y lleva al horno precalentado a 160° C, por aproximadamente 12 minutos.
8. Retira de la bandeja del horno, coloca a enfriar las galletas en una rejilla y disfruta.

Galletas de limón y cardamomo

Ingredientes:
- 1 taza de mix de harinas
- ⅓ de taza de azúcar de coco
- ¼ de taza de ghee
- 1 cucharadita de polvo para hornear
- Una pizca se sal
- Ralladura de un limón
- 4 o 5 vainas de cardamomo
- El jugo de un limón

Procedimiento:
1. Abre las vainas de cardamomo y retira de su interior las semillas, luego triturarlas en un mortero.
2. Coloca en un bowl la mantequilla ghee, el azúcar de coco, la sal, la ralladura, el jugo del limón y las semillas trituradas del cardamomo.
3. Luego incorpora la mezcla de harinas junto al polvo para hornear e integra muy bien.
4. Amasa hasta obtener una masa suave. Corta tus galletas con los cortadores de tu preferencia.
5. Colócalas en una bandeja engrasada o con papel para hornear.
6. Lleva al horno por aproximadamente 12 minutos o hasta que empiecen a dorar.
7. Retira del horno, coloca tus galletas en una rejilla y deja enfriar.
8. Disfruta tus ricas galletas.

Tips:
★ Si no tienes azúcar de coco usa papelón molido, si lo tienes permitido.

Miel de dátiles

Ingredientes:

- 100-200 gramos de dátiles (preferiblemente sin semillas). Si los compras con semillas simplemente los abres y las retiras
- ⬜ Agua

Procedimiento:
1. Debes hidratar los dátiles en agua caliente. La cantidad depende de lo que vayas a querer realizar. Solo debes cubrirlos.
2. Procesar en licuadora o procesador agregando la misma agua del remojo, hasta lograr la consistencia deseada de la pasta.
3. Guardar en un envase de vidrio.

Tips:
★ Puedes agregarlo en tus tortas negras o panettone, colocarlo en unas ricas panquecas o muffins o alternar como endulzante en recetas dulces.

Panquecas de pollo y auyama

Ingredientes:
- ½ taza de agua de pollo hervido
- ½ taza de auyama cocida
- 2 huevos, 2 claras de huevo u otro sustitutos (ver sustitutos del huevo)

Preparación:
1. Meter en la licuadora o procesador de alimentos, batir hasta que se vuelva una crema.
2. Cocinar pequeñas porciones en una plancha o sartén untado con grasa, por ambos lados.

Panquecas calabaza

Ingredientes:
- 1 taza de mix de harinas
- 1 cucharadita de polvo para hornear sin gluten
- ¾ de taza de puré de auyama-calabaza
- 1 cucharada de aceite de girasol
- 1 taza de leche de coco
- ½ cucharadita de sal
- 1 cucharada de endulzante

Preparación:
1. Coloca todo los ingredientes en la licuadora y procesa. Es una mezcla bastante espesa, así que ayuda a la licuadora con una espátula.
2. Cocina las panquecas como de costumbre.
3. Acompaña con lo gustes.

Panquecas de lechoza-papaya

Ingredientes:

- 3 cucharadas de harina de arroz integral
- 2 cucharadas de almidón de yuca (puedes usar ⅓ de taza de cualquier harina libre de gluten)
- 2 claras + 1 yema de huevo
- 1 cucharada de polvo de hornear
- Pizca de sal
- ½ cucharadita de canela
- 1 trozo de lechoza
- 1 cucharada de aceite

Preparación:
1. Batir las claras aparte, a punta de suspiros.
2. Agrega poco a poco los demás ingredientes, incluyendo la yema (menos la harina) y continuamos mezclando.
3. Antes de agregar la lechoza o papaya tritura bien un con tenedor.
4. Por último, agrega la harina.
5. Deja reposar y haces las panquecas como de costumbre.

Mini barras o bombones de aguacate

Ingredientes:
- 1 aguacate
- 1 banana (cambur maduro)
- Miel (opcional)
- 1 cucharada de aceite
- Pizca de sal marina
- Toque de zumo de limón
- Maní, nueces, coco rallado o gotas de chocolate bytter (para decorar)

Preparación:
1. Pelar y triturar el aguacate y banana.
2. Colocar en el procesador o licuadora y agregar los demás ingredientes, hasta obtener una mezcla cremosa.
3. Si la sientes aún con grumos, puedes terminar de unificar con un batidor.
4. Agregar en un molde y esparcir.
5. Agregar el maní, nueces, coco rallado o gotas de bytter para decorar y congelar.
6. Retirar y picar en barras. Si la haces en moldes solo desmoldamos y sirves de una vez.

Tips:
★ Puedes usar los moldecitos para hielos (hieleras)

Panquecas de quinoa

Ingredientes:
- ½ taza de quinoa cocida
- 2 huevos
- 1 cucharadita de polvo de hornear

- Vainilla, sarrapia o canela al gusto
- Endulzante
- Pizca de sal
- 4-5 cucharadas de harina sin gluten

Preparación:
1. Lleva todo a la licuadora, integrando de último la harina, para agregar la cantidad necesaria (buscando consistencia).
2. Hacer las panquecas como de costumbre.

Tips:
★ La quinoa debes cocinarla previamente.
★ El secreto de la quinoa es lavarla varias veces antes de su preparación, para que bote lo amargo.
★ Déjala en reposo entre una lavada y otra, en el mismo colador. Luego la preparo como un arroz. Usa ½ taza de quinoa por 2 de agua, puedes agregar vegetales.

Panquecas de cambur

Ingredientes para la mezcla:
- ¾ de taza de mezcla mix de harinas
- 1 cucharadita de polvo de hornear sin gluten
- 1 cambur
- 1 cucharadita de vainilla o ralladura de sarrapia
- ½ de cucharadita de sal
- ½ taza de leche de coco
- 1 cucharada de aceite
- 1 cucharadita de miel de agave

Ingredientes para los cambures salteados:
- 1 cambur
- 1 cucharadita de aceite de coco
- 1 cucharadita de miel de agave

Preparación:
1. Coloca todos los ingredientes en la licuadora y procesa. Obtendrás una mezcla bastante espesa. (Consejo: licuar solo lo necesario, hasta que estén mezclados los ingredientes, de lo contrario tus panquecas quedarán gomosas).
2. Engrasa ligeramente un sartén antiadherente y calienta a fuego medio.
3. Coloca la mezcla en el sartén caliente y extiende con la parte posterior de la cuchara.
4. Cocina las panquecas como de costumbre.
5. Reserva las panquecas cocidas en un plato.
6. En un sartén caliente, agrega el aceite de coco y saltea el cambur rebanado hasta que esté doradito.
7. Añade la cucharadita de miel de agave.
8. Sirve tus panquecas acompañadas del cambur caramelizado.

Ponquesitos choco chips

Ingredientes:
- 1 y ¾ taza de mezcla de harina mix de harinas
- 2 y ½ cucharaditas de polvo para hornear
- 1 taza de endulzante
- 1 taza de leche de coco
- ⅓ de taza de aceite de girasol o de coco
- ¼ de cucharadita de sal
- 1 cucharadita de vinagre de manzana
- Trocitos o gotas de chocolate.

Preparación:
1. Coloca en un bowl la mezcla de harinas y el polvo para hornear, reserva.
2. En otro bowl mezcla el resto de los ingredientes con la ayuda de una batidora.
3. Incorpora la mezcla de harina y sigue batiendo con la batidora, hasta que esté bien integrado.(Ojo no se debe batir demasiado, solo hasta integrar bien).
4. Añade los trocitos de chocolate.
5. Coloca la mezcla en un molde para cupcakes, con sus respectivos capacillos o papel encerado.
6. Lleva a un horno precalentado a 160 ° C por 15 minutos o hasta que al insertar un palillo salga seco.

Ponquesitos banana chips

Ingredientes:
- 1 y ½ de taza de mix de harinas
- ½ cucharada de polvo para hornear sin gluten
- 1 taza de puré de cambur
- ¼ de taza de aceite de girasol
- ½ de taza de leche de coco
- ¼ de cucharadita de sal
- ½ taza de endulzante
- ½ taza de gotas o trocitos de chocolate

Preparación:
1. Mezcla en un bowl todos los ingredientes secos.
2. Aparte en otro bowl combina el endulzante, aceite, la leche de coco y puré de cambur.
3. Combina las dos preparaciones hasta obtener una mezcla uniforme, procura no batir mucho.
4. Coloca la mezcla en moldes para ponques y lleva a un horno precalentado a 180 ° C, por 15 a 20 minutos.

Ponqué de chocolate y calabaza

Ingredientes:

- 1 taza de puré de auyama o calabaza
- ¼ de taza de miel de agave
- ½ taza de leche de coco
- 3 cucharadas de aceite de girasol
- 1 cucharadita de vinagre de manzana
- ½ taza de endulzante granulado
- 2 tazas de mix de harinas
- 2 y ½ cucharaditas de polvo para hornear
- ¼ de cucharadita de sal
- 2 cucharaditas de pumpkin pie spice

Ingredientes para la capa amarilla:
- ½ cucharadita de cúrcuma
- 1 cucharadita de agua

Ingredientes para la capa de chocolate:
- 3 cucharadas de cacao en polvo
- 2 cucharadas de agua tibia
- Ralladura de sarrapia

Preparación:
1. En un recipiente, combine todos los ingredientes húmedos y mezcle hasta que estén bien integrados.
2. En otro recipiente, coloca los ingredientes secos, agrega los ingredientes húmedos y mezcla. La mezcla debe ser bastante espesa, si la sientes húmeda agrega un poco más de harina.
3. Divide la preparación en partes iguales en 2 envases. A uno le agregas la cúrcuma mezclada en 1 cucharadita de agua. Y en el otro envase agregas el cacao en polvo, la sarrapia y el agua, mezclando muy bien.
4. En un molde engrasado y con harina, coloca la mitad de la mezcla de chocolate y distribuye con una espátula. Luego coloca la mitad de la mezcla de auyama e igualmente distribuye esta mezcla. Continúa con el resto de las mezclas.
5. Coloca algunas gotas de chocolate encima de tu ponqué, hornea a 180º C durante 50 minutos o hasta que al introducir un palillo salga casi seco.
6. Déjalo enfriar completamente antes de rebanar.

Galletas de yuca o batata

Ingredientes:
- ½ taza de harina de yuca o batata
- 1 taza de harina de arroz
- 8 cucharadas de mantequilla clarificada
- 1 yema de huevo
- 2 cucharadas de endulzante
- 1 pizca de sal
- 4 cucharadas de agua

Preparación:

1. Mezclar muy bien todos los ingredientes hasta formar una masa que no se pegue en las manos.
2. Estirar la masa y cortar con diferentes moldes o con manga para galletas.
3. Enmantequillar una bandeja, poner galletas y hornear durante 15 minutos.

Galletas choco chip

Ingredientes:
- 1 y ½ taza de mix de harinas
- ½ taza de harina de arroz integral
- 2 cucharaditas de polvo para hornear
- ¼ de cucharadita de pumpkin pie spice
- 2 huevos
- ¾ de taza de Ghee o mantequilla clarificada
- 1 taza de azúcar morena
- ¼ de cucharadita de sal
- ½ taza de gotas o de trocitos de chocolate

Preparación:
1. Combina en un bowl los primeros 4 ingredientes y reserva.
2. En otro bowl combina el resto de los ingredientes (menos las gotas de chocolate), puedes ayudarte con una batidora.
3. Luego une las dos preparaciones hasta obtener una mezcla uniforme.
4. Incorpora las gotas de chocolate y revuelve con una paleta hasta distribuirlas uniformemente en la mezcla.
5. Lleva la mezcla al refrigerador por 10 minutos.
6. Mientras preparas tu bandeja para colocar las galletas, ve colocando un poco de grasa y harina o simplemente colocales papel para hornear.
7. Retira la masa del refrigerador y arma tus galletas del tamaño deseado. Puedes ayudarte con 2 cucharillas si la mezcla es un poco suave. Toma en cuenta que se expanden un poco, así que no las coloques muy juntas.
8. Lleva tus galletas al horno por 12 minutos aproximadamente o hasta que el delicioso olor a galletas invada tu cocina.
9. Retira la bandeja de horno y deja enfriar un poco para despegarlas (si no esperas a que enfríe un poco se rompen). Puedes ponerlas en una rejilla para que se enfríen completamente.

Galletas choco chip de quinoa

Ingredientes:
- ¾ de taza de harina de quinoa
- 1 cambur
- 2 cucharadas de aceite de coco
- ⅓ de taza de endulzante granulado o ¼ de taza de endulzante líquido
- ½ cucharadita de polvo para hornear
- Una pizca de sal
- Un toque de ralladura de sarrapia

Preparación:

1. Mezcla la harina de quinoa con el polvo para hornear.
2. Tritura el cambur hasta volverlo puré.
3. Incorpora poco a poco el aceite de coco, hasta lograr una mezcla homogénea.
4. Añade la pizca de sal y la ralladura de sarrapia y bate.
5. Luego incorpora la harina y amasa bien.
6. Coloca las gotas de chocolate y arma tus galletas del tamaño deseado.
7. Precalienta el horno a 160° C y hornea por aproximadamente 10 o 12 minutos.
8. Retira la bandeja del horno y coloca tus galletas en una rejilla hasta enfriar.

Tips:

★ Si no tienes harina de quinoa y puedes usar maíz y arroz utiliza la mezcla Mix de harinas.

Tortitas de plátano verde

Ingredientes:
- 1 plátano verde
- 1 rama de cebollín
- 1 cucharadita de harina de arroz
- ½ cucharada de hojas de cilantro
- ½ cucharada de sal
- Aceite para freír

Preparación:

1. Hierve el plátano hasta que esté tierno.
2. Corta el cebollín y las hojas de cilantro.
3. Amasa el plátano hervido, las hojas de cilantro, la sal, el cebollín y la harina de arroz.
4. Luego, con la masa prepara las tortitas de plátano haciendo bolitas y aplanándolas.
5. Calienta el aceite y fríe las tortitas hasta que estén crujientes y doradas.

Espirales de papa

Ingredientes:
- 3 papas cocidas al dente
- 2 cucharadas de aceite
- 1 huevo
- 3 cucharadas de mix de harinas, almidón de maíz o Sagú.
- Cúrcuma y orégano al gusto
- Queso vegano rallado.
- Sal al gusto

Preparación:

1. Mezclar en un bowl todos los ingredientes.
2. Dejar reposar y colocar en una manga pastelera.
3. Realizar los espirales directo en la sartén, si decides freír, o en la bandeja para llevar al horno.
4. Freír u hornear por unos pocos minutos.

Tips:
- ★ Si no puedes usar huevo, añade 3 cucharadas de leche vegetal.
- ★ Si no tienes queso vegetal, añade 1 cucharada de levadura nutricional.
- ★ Si no tienes manga pastelera, puedes usar una bolsa ziploc o bolsa resistente que puedas picar en la punta para hacer los espirales.
- ★ Puedes agregar perejil picado, calabacín y zanahoria rallada (colocando estos vegetales sobre un pañito y retirando excedente de líquido antes de la mezcla).
- ★ Las papas no las hago puré, prefiero rallarlas por el lado fino del rallador para que no queden grumos.
- ★ Las papas tienen diferentes tamaños, para esta receta el total en peso fue de 400 gramos.
- ★ Puedes sustituir las papas por batata-camote, apio-arracacha, yuca-mandioca, u ocumo-yansin.

Helado de cambur sin caseína

Ingredientes:
- Cambur (cantidad deseada)
- Leche de arroz o de coco
- Edulcorante (no es indispensable)
- Cacao (no es indispensable)

Preparación:
1. Rebanar la cantidad de cambur deseado.
2. Colocar en el congelador hasta el día siguiente.
3. Luego llevarlos a la licuadora y agregar solo un poco de leche de arroz o coco (solo la necesaria para que se procesen los cambures).
4. Cuando estén bien procesados, agregar el edulcorante (si lo deseas).
5. Llevar la mezcla a la nevera y dejarla congelar.
6. También puedes agregar cacao y hacer helado de banana split.

Helado de calabaza

Ingredientes:
- 1 taza de auyama o calabaza horneada
- 1 taza de leche de coco
- 1 taza de leche de merey
- 4 cucharadas de xilitol
- 2 cucharadas de stevia granulada
- 1 cucharadita de goma xanthan, guar o CMC (si lo tienes permitido)

Preparación:
1. Coloca todos los ingredientes en la licuadora y procesa hasta obtener una mezcla uniforme.
2. Lleva a la máquina de helados y procede de acuerdo a las instrucciones del fabricante.

3. Si no tienes máquina de helado, lleva la mezcla al congelador por 2 o 3 horas, saca, bate con una batidora y vuelve a llevar al congelador.
4. Repite este procedimiento una vez más y luego sirve y disfruta tu helado.

Tips:
★ Puedes usar las 2 tazas de leche de la receta de un solo tipo, si no tienes las dos.
★ Procura que la leche vegetal que vayas a usar esté cremosa y bien pura, no queda igual con leche aguada.
★ Usé canela, cardamomo, jengibre y clavitos de olor para hornear la auyama o calabaza.

Helado de coco

Ingredientes:
- 3 tazas de leche de coco
- 3 cucharadas de arrowroot o sagú
- ½ cucharadita de goma xanthan
- 3 o 4 cucharadas de agave o endulzante de tu preferencia
- Vainilla al gusto

Preparación:
1. Coloca en una olla 2 tazas de leche de coco y lleva al fuego.
2. Aparte, en la taza de leche restante, disuelve el sagú.
3. Una vez esté hirviendo, añade la taza de leche con el sagú y cocina por 2 minutos sin dejar de revolver.
4. Retira del fuego, deja enfriar y coloca la preparación en la licuadora.
5. Añade la goma xanthan y el agave, y procesa hasta obtener una mezcla homogénea, incorpora también la vainilla.
6. Coloca la mezcla en envase de acero y lleva al congelador cubriendo con un poco de papel film.
7. Deja congelar por al menos 2 horas.
8. Saca del congelador y bate con una batidora por al menos 4 o 5 minutos.
9. Regresa la mezcla al congelador.
10. Nuevamente deja pasar 1 o 2 horas y saca del congelador el helado y vuelve a batir con la batidora. Este procedimiento puedes hacerlo 2 o 3 veces.
11. Finalmente lleva al congelador, déjalo ponerse firme y sírvelo con lo que gustes.

Gelatina de patilla

Ingredientes:
- 6 láminas de gelatina sin sabor y color
- 3 tazas de patilla en trozos
- Endulzante permitido (no es indispensable)

Preparación:
1. Déjalas reposar en un poquito de agua.

2. Mide 3 tazas de patilla en trozos, llévala a la licuadora, quítale la espuma y agrégale la gelatina hidratada.
3. Endulzar con stevia o xilitol si es necesario, envasar y llevar a la nevera y listo.

Tips:

★ Ten en cuenta que para 1 litro de líquido necesitarás 12 láminas de gelatina y siempre hay que hidratarla antes de usarla.

Gelatina de durazno:

Ingredientes:

- 4 duraznos sin piel
- Endulzante al gusto
- 2 sobres de gelatina sin sabor o 3 láminas de gelatina
- 2 y ½ tazas de agua

Preparación:

1. Licuar los duraznos con 1 y ½ taza de agua, disolver las gelatinas sin sabor y agregar el endulzante.
2. Llevar al fuego y calentar hasta que estén bien disueltas.
3. Retirar del fuego.
4. Añadir el resto del agua (1 taza sobrante).
5. Colocar en el molde y refrigerar (la hago la noche anterior para que tome más consistencia).

Tips:

★ Puedes hacer gomitas en moldes de figuritas o hacerla completa en el molde cuadrado. Y, luego de refrigerada, picar en cuadritos pequeños y pasar por endulzante pulverizado.

Flan vegano de maracuya-parchita

Ingredientes:

- 1 a 2 parchitas (dependiendo del tamaño.
- 2 tazas de leche vegetal
- ½ taza de almidón de maíz o arrowroot
- Endulzante al gusto
- Vaina de vainilla o una varita de canela

Preparación:

1. Licuar la pulpa de la parchita y pasar por un colador fino o de tela (se licúa sin agua).
2. Colocar en una ollita: leche, endulzante, zumo de parchita y el almidón. Mezclar.
3. Llevar a cocción a fuego medio-bajo, sin dejar de mover.
4. En este punto, puedes agregar la vainilla o canela.

5. Al romper en hervor, mezclar por 1 minuto más y apagar.
6. Colocar la mezcla inmediatamente en el molde que desees.
7. Deja enfriar durante la noche o mínimo 3 horas y disfruta.

Tips:

★ Realiza un caramelo si es tu gusto y colócalo en el molde, antes de realizar la receta.

★ Si decides como yo, no realizar el caramelo, engrasas tu molde con un toque de aceite y lo llevas a la nevera mientras preparas tu receta. Esto hará que al desmoldar sea más fácil.

★ Si usas canela en vara, recuerda retirarla antes de colocar la mezcla en el molde.

Flan de calabaza-auyama

Ingredientes:

- 500 mililitros de leche vegetal
- 1 y ½ taza de puré de calabaza
- 2 cucharadas de agar agar
- 4 cucharadas de endulzante
- Especias: canela, nuez moscada o vainilla en vara
- Pizca de sal
- Cáscara de limón (opcional)
- Miel para servir

Preparación:

1. Coloca en la licuadora el puré de calabaza, leche, endulzante y agar agar.
2. Licúa hasta integrar.
3. Coloca la mezcla en una olla, agrega las especias y sal al gusto.
4. Lleva a cocción para activar el agar agar.
5. Apenas rompa en hervor agregar la cáscara de limón y retirar (déjalo hervir a fuego medio-bajo por unos 3 a 4 minutos más).
6. Coloca en un refractario y deja atemperar, para llevar a la nevera mínimo 3 horas.
7. Coloca miel al servir.

Tips:

★ Sustituir el agar agar por 4 cucharadas de maizina u otro almidón. Para ello debes dejar aparte un poco de leche para diluirla y agregarla al momento de empezar a hervir la otra mezcla.

★ Si deseas puedes hacer un caramelo y colocarlo en el molde donde vayas a colocar el flan. Recomiendo que sea lo primero que hagas para que esté frío cuando esté la mezcla lista. Puedes hacerlo con 3 cucharadas de endulzante y 1 cucharada de agua.

Flan de coco

Ingredientes:

- 3 tazas de leche de coco
- 4 cucharadas de arrowroot
- 4 cucharaditas de agar agar
- ½ taza de endulzante
- Vainilla al gusto

Ingredientes para el caramelo:

- 4 cucharadas de endulzante
- 1 cucharada de agua

Preparación:

1. Hacer el caramelo suave, colocando en una olla los ingredientes para el mismo y llevando al fuego hasta que esté listo y reservar.
2. Llevar al fuego 2 tazas de leche de coco, en la otra taza de leche disolver el sagú o arrowroot y el agar.
3. Una vez hierva la leche de coco añadir el resto de la leche, moviendo bien para que no se formen grumos.
4. Cocinar por 1 o 2 minutos a fuego bajo, después de que empiece a hervir.
5. Vaciar en el molde y dejar enfriar.
6. Desmoldar y decorar con el caramelo.

Profiteroles

Ingredientes:

- ¼ de taza de harina de arroz
- ¼ de taza de mix de harinas
- 2 cucharadas de mantequilla ghee
- 2 huevos
- ½ taza de agua
- ½ cucharada de miel de agave
- Una pizca de sal

Preparación:

1. Colocar el agua, la mantequilla y la miel en una olla y llevar al fuego
2. Mezcla las harinas y la sal.
3. Una vez se derrita la mantequilla, agregar las harinas y revolver hasta que se despegue del fondo de la olla.
4. Bajar del fuego y dejar enfriar un poco.
5. Añadir los huevos y batir con una batidora, hasta obtener una mezcla suave y sin grumos.

6. Colocar la mezcla en una bolsa de repostería a la cual se le hace un agujero, formar los profiteroles en una bandeja y llevar al horno a 160° C, por aproximadamente 35 minutos.
7. Puedes rellenar con una rica crema pastelera o simplemente servir con mucho chocolate.

Buttercream de chocolate

Ingredientes:

- 1 taza de puré de batata (de preferencia rosada)
- 2 cucharadas cacao en polvo
- ¼ de cucharadita de pumpkin pie spice
- Una pizca de sal
- 2 o 3 cucharadas de miel de agave
- 1 cucharadita aceite de sabor suave, como el de girasol

Preparación:

1. Coloca todos los ingredientes en un procesador y procesa hasta obtener una crema suave y sedosa.
2. Rectifica el dulzor así como el sabor a chocolate. Y, si es de tu gusto, añade un poco más.
3. Deja reposar un rato en la nevera y úsalo para decorar tortas, cupcakes o lo que desees.

Torta marmoleada sin gluten en sartén

Ingredientes:

- 1 taza de harina
- ¼ de taza de almidón de yuca
- Endulzante al gusto
- 3 cucharadas de aceite
- 2 huevos
- ½ taza de agua
- 2 cucharaditas de polvo de hornear
- 2 cucharadas de cacao en polvo
- 1 zanahoria cruda, lavada y pelada en trozos
- Pizca de sal
- Ralladura de naranja y zumo de ½ naranja

Preparación:

1. Mezcla los ingredientes secos en un bowl y reserva.
2. Licua el agua, el aceite y la zanahoria.
3. Bate los huevos aparte (con batidora eléctrica) y luego agrega poco a poco los ingredientes secos, alternando con lo que batiste en la licuadora.
4. Agregue la ralladura de naranja y el zumo de la misma.

5. Deje reposar la mezcla ½ hora y antes de usarla vuelve a batir unos 2 minutos.
6. Aparta un poco de la preparación de la mezcla e incorpora el cacao.
7. Finalmente agrega la mezcla de cacao a la otra parte de la mezcla restante, sin revolver.
8. Coloca un sartén antiadherente (use uno de cerámica) a fuego medio bajo y pon una porción generosa de la mezcla.
9. Tapa y al burbujear dale la vuelta sin colocar nuevamente la tapa, como si estuvieras haciendo panqueca.
10. Este procedimiento se repite 3 veces para lograr 3 capas.
11. Deja enfriar, rellena y decora con mermelada de mora, coco rallado o lo que desees.

Torta dorada básica

Ingredientes:
- 1 y ½ taza de harina de arroz
- 1 cucharada de polvo de hornear
- 1 cucharada de goma xanthan
- ½ cucharadita de sal
- 1 taza de endulzante, xilitol o stevia
- ½ taza de grasa permitida, como la mantequilla clarificada
- ¾ de taza de agua
- 1 cucharadita de extracto de vainilla natural
- 4 claras de huevo batidas a puto de nieve

Preparación:
1. Cernir todos los ingredientes secos en un tazón.
2. Añadir la grasa, las yemas y ½ taza de agua.
3. Batir 3 minutos a velocidad media, pasando la paleta por los bordes frecuentemente.
4. Añadir el ¼ de taza de agua restante y los extractos.
5. Batir 2 minutos más a velocidad media.
6. Añadir las claras batidas a punto de nieve, con movimientos envolventes.
7. Colocar la mezcla con un molde preparado.
8. Hornear hasta que esté lista (a 350° C, durante 25 a 30 minutos).
9. Luego verificar la cocción introduciendo un palillo o cuchillo.
10. Dejar enfriar de 5 a 10 minutos, luego voltéala sobre una rejilla y con un hilo o nylon partir la torta en 2.
11. Rellenar con la mermelada que dispongas o esparcir un nevado blanco.
12. Luego colocar la otra mitad y cubrir con nevado blanco.

Torta de guanábana

Ingredientes para la mezcla:
- 1 y ½ taza de mix de harinas
- 1 y ½ cucharadita de polvo para hornear sin gluten
- 3 huevos
- ¾ de taza de endulzante
- ½ taza de aceite de girasol

- ¼ de cucharadita de sal
- ½ taza de jugo de guanábana

Ingredientes para el relleno:
- 1 taza de pulpa de guanábana
- ½ taza de agua
- ½ taza de endulzante

Ingredientes para el merengue:
- 3 claras de huevo
- ½ taza de endulzante

Preparación de la torta:
1. Coloca en un bowl la mezcla de harinas y el polvo para hornear y reserva.
2. Separa las claras de las yemas.
3. Bate las claras a punto de nieve e incorpora la mitad del endulzante.
4. Aparte, en otro bowl, bate las yemas con el resto del endulzante hasta blanquear.
5. Incorpora el aceite en forma de hilo y luego agrega el jugo de guanábana.
6. Ahora agrega, a la preparación anterior, la mezcla de harina y bate hasta integrar muy bien.
7. Finalmente une las claras batidas a nieve con la preparación anterior, pero ten presente, hacerlo con movimientos envolventes para no bajar las claras.
8. Lleva la preparación al molde que ya has preparado con un poco de grasa y harina.
9. Luego colócala en el horno precalentado a 160° C.
10. Hornea por aproximadamente 20 minutos o hasta que al introducir un palillo salga seco.
11. Una vez listo, saca del horno, desmolda y deja enfriar.

Preparación para hacer el relleno:
1. Licua la pulpa de guanábana con el agua. Y colócala en una olla, junto al endulzante.
2. Cocina esa mezcla hasta obtener el punto de mermelada.

Preparación para hacer el merengue:
1. Batir claras a punto de nieve con poco endulzante. Al final del batido puedes colocar unas gotas de limón.

Para armar la torta:
1. Corta el bizcocho por la mitad y luego rellena con la mermelada.
2. Finalmente decora a tu gusto con el merengue.

Torta de vainilla sin huevos:

Ingredientes:
- 2 tazas de mix de harinas
- 3 cucharadas de polvo de hornear
- ½ taza de endulzante líquido o miel
- ½ taza de endulzante granulado, como el xilitol o la estevia
- 1 taza de leche vegetal

- ¼ de taza de aceite girasol
- ¼ de taza de aceite de coco
- ¼ de cucharadita de sal
- 1 cucharadita de vinagre de manzana
- Vainilla en rama al gusto

Preparación:
1. Coloca en un bowl la mezcla de harinas y el polvo para hornear, reserva.
2. En otro bowl mezcla el resto de los ingredientes con ayuda de una batidora.
3. Incorpora la mezcla de harinas y sigue batiendo con la batidora, hasta que esté bien integrado (ojo no se debe batir demasiado solo hasta integrar bien).
4. Coloca la mezcla en un molde, previamente engrasado y enharinado.
5. Lleva a un horno precalentado a 180° C, de 15 a 20 minutos o hasta que al introducir el palillo el mismo salga seco.
6. Retira del horno, deja enfriar, desmolda y disfruta.

Tips:
★ Puedes hacerlo en cupcakes.
★ Si no tienes para hacer la mezcla de harinas puedes comprar mezcla para tortas sin gluten.

Torta sin gluten de vainilla

Ingredientes:
- 2 y ½ tazas de mix de harinas
- 1 cucharada de polvo de hornear sin gluten
- 1 y ½ taza de xilitol
- 6 huevos
- 1 taza de aceite vegetal
- ¼ de taza de leche vegetal o agua
- Una pizca de sal
- Vainilla natural, ralladura de sarrapia, naranja o limón

Preparación del bizcocho:
1. Mezcla las harinas, el polvo de hornear y la ralladura de sarrapia. Luego reservar.
2. En otro recipiente, batir los huevos hasta que estén bien espumosos y doblen su volumen.
3. Incorporar el xilitol, añadir la sal y luego el aceite poco a poco.
4. Unir las dos mezclas, preferiblemente de forma manual. Sin batir mucho.
5. Vaciar la mezcla en un recipiente aceitado.
6. Hornear en horno precalentado a 250° C, de 30 a 45 minutos o hasta que al introducir un palillo salga seco.
7. Desmoldar y dejar enfriar.

Preparación del glaseado:
1. Para el glaseado de chocolate mezclar partes iguales de miel de agave y cacao en polvo.
2. Batir muy bien y rectificar el sabor. Puedes añadir más miel o cacao, si es de tu gusto.

3. Decora la torta y disfruta.

Torta de piña

1. 2 tazas de mix de harinas
2. 3 cucharaditas de polvo para hornear
3. ⅓ de taza de aceite
4. ¼ de taza de piña cortadita
5. Una pizca de sal gusto
6. Vainilla al gusto
7. 1 taza de papelón rallado
8. 1 taza de leche vegetal
9. Ruedas de piña para decorar

Preparación de la torta:
1. Hacer un caramelo suave con el papelón y el agua.
2. Una vez listo vaciar en el molde previamente enmantecado y colocar rodajas de piña al gusto. Previamente se cocinan las rodajas de piña fresca en un poco de agua con miel, para caramelizarlas.
3. Aparte mezclar el mix de harinas con el polvo para hornear.
4. En la licuadora procesar el resto de los ingredientes, hasta obtener una mezcla uniforme.
5. Unir las dos preparaciones y llevar al molde con caramelo y las rodajas de piña.
6. Colocar en horno precalentado a 180° C, de 20 o 25 minutos o hasta que al introducir un palillo salga seco.
7. Desmolda inmediatamente, deja enfriar y listo.

Preparación del caramelo:
1. Para el caramelo combinar ¼ de taza de agua y ¼ de taza de papelon.
2. Cocinar lentamente hasta que tome el color y espesor deseados.

Torta de pan sin gluten

Ingredientes:
- 2 tazas de pan duro sin gluten
- 2 tazas de leche de coco
- 4 huevos
- 1 y ¼ de taza de azúcar de coco o la que uses
- ¼ de taza de aceite de girasol
- ¾ de taza de mix de harinas
- 1 cucharadita de vainilla orgánica
- Canela y sarrapia al gusto

Preparación:
1. Hidrata el pan en la leche de coco.
2. Prepara un caramelo con ½ taza de azúcar, en una olla a fuego medio.
3. Una vez que el caramelo esté listo, vierte en el molde donde se horneará la torta. Procura cubrir el molde tanto en el fondo como en los lados.

4. En un envase, mezcla el aceite con el azúcar restante hasta lograr una crema.
5. Agrega uno por uno los huevos y bate bien.
6. Añade la vainilla y las demás especias.
7. Incorporar, poco a poco, el pan remojado y la mezcla de harinas.
8. Verter todo en el molde y llevar al horno precalentado a 150° C, durante 45 minutos.
9. Cuando esté lista,retira del horno y deja enfriar por unos minutos.
10. Sacar del molde cuando esté tibia, para evitar que se seque el caramelo.

Polenta

Ingredientes:
- 4 tazas de agua
- 2 tazas de harina de maíz amarillo
- 4 o 5 ajíes rojos cortaditos
- 1 tallo de cebollín cortado
- 2 cucharadas de aceite
- Sal, orégano y pimienta al gusto

Preparación:
1. Coloca el agua en una olla y llévala a ebullición. Mientras sofríes el ají y el cebollín en el aceite.
2. Cuando el agua hierva, añade la sal, el sofrito y la harina de maíz poco a poco, en forma de lluvia, mientras remueves constantemente para evitar que se formen grumos.
3. Baja el fuego a mínimo y cocina durante 30 minutos.
4. Vacía la polenta en una bandeja de vidrio, distribuye uniformemente y deja que se enfríe y se solidifique completamente.
5. Corta la polenta.
6. Lleva un sartén a la cocina, una vez caliente, ponle un poco de aceite de oliva y coloca la polenta cortada.
7. Cocina durante unos 5 a 7 minutos por cada lado, hasta que la polenta quede bien crujiente y dorada.
8. Disfrútala con una rica salsa de tomate o con lo que desees.

Naked cake de chocolate

Ingredientes:
- 1 y ½ taza de mix de harinas
- 2 cucharaditas de polvo para hornear
- ¾ de taza de cacao en polvo
- 1 y ½ taza de compota de remolacha
- 1 taza de endulzante
- 1 cucharadita de canela o un poco de ralladura de sarrapia
- ¼ de cucharadita de sal
- ⅓ de taza de aceite

Preparación:

1. Mezcla en un bowl la mezcla de harinas, cacao, canela y polvo para hornear. Luego reserva.
2. Aparte mezclar la compota de remolacha, endulzante, sal y aceite.
3. Unir las dos preparaciones con ayuda de la batidora.
4. Distribuye la mezcla en dos o tres moldes engrasados y lleva al horno precalentado a 160° C, por 20 minutos o hasta que al insertar un palillo salga seco.
5. Decora tu torta como lo desees (opcional) y listo.

Chips de batata

Ingredientes:
- ½ kilogramo de batata blanca o boniato
- Sal de mesa
- Ajo en polvo
- Aceite para freír

Preparación:
1. Se pela la batata, se corta en rebanadas finas (2 a 3 milímetros), se pasan por agua y se enjuagan.
2. Con un paño de cocina se secan bien y se colocan sobre una tabla. Allí se les rocía con un poco de sal marina y orégano. Y se frotan para distribuirles la sazón.
3. En un caldero de buen tamaño se colocan las rebanadas a freír, en suficiente aceite caliente, a fuego medio-alto y espaciadas (no humeante y sin colocar demasiadas, para facilitar la cocción).
4. Se mueven o voltean de vez en cuando, se dejan freír por 8 a 10 minutos, hasta que estén doraditas.
5. Escurrirlas bien y colocarlas sobre papel absorbente para absorber el exceso de grasa.
6. Sírvelas recién hechas.

Receta de galletas

Ingredientes:
- 2 tazas de almidón de yuca
- 2 tazas y media de harina de almendra
- 2 tazas de oleina de palma o manteca
- 2 tazas de xilitol pulverizado

Preparación:
1. Llevar el almidón y el xilitol a un recipiente, remover y agregar la almendra.
2. Remover y agregar la oleína de palma o la manteca.
3. Amasar todo hasta obtener una mezcla compacta, con la que puedas hacer las y aplastar para formar las galletas.
4. Llevar al horno a 180° C, por 15 minutos aproximadamente.
5. Retirar y decorar con más xilitol pulverizado.

Empanadas de yuca

Ingredientes:
- ½ kilo de yuca
- 1 clara de huevo (opcional)
- ¼ de taza de mix de harinas o almidón de yuca
- 3 cucharadas de aceite
- Especias y sal al gusto
- Relleno de elección: carne, pollo, pescado, vísceras, etcétera.
- Se pueden incluir vegetales

Preparación:
1. Pela y sancocha la yuca dejándola al dente (no muy blanda).
2. Retira el agua, deja enfriar un poco y ralla por el lado fino del rallador.
3. Agregar los demás ingredientes (menos el relleno), amasar hasta lograr una masa suave que no se pegue en tus manos.
4. Forma bolitas sobre papel transparente, coloca otro papel arriba y haz un círculo.
5. Rellena con tu proteína elegida y cierra dando forma de empanada.
6. Fríe o lleva al horno.

Tips:

★ La clara de huevo es opcional, puedes hacerlas horneadas sin ella e incluso puedes hacerlas sin nada de harina, solo con la yuca sancochada.

★ Si las llevas al horno y tienes permitido el huevo, barniza con la yema. O también puedes barnizar con agua con miel o aceite.

Empanadas de maíz

Ingredientes:
- 2 tazas de harina de maíz
- ¼ de taza de almidón de yuca
- 2 y ½ tazas de agua
- 1 cucharadita de sal
- ½ cucharadita de polvo para hornear
- 2 o 3 cucharadas de endulzante
- Relleno, puede ser vegetal, proteína, granos, etcétera.

Preparación:
1. Mezcla los ingredientes secos.
2. Disuelve el endulzante y la sal en el agua.
3. Incorpora poco a poco el agua a la mezcla de harinas y amasa hasta obtener una masa suave, manejable y no pegajosa. Si la sientes muy dura agrega un poco más de agua y si está muy floja un tantito más de harina de maíz.
4. Armas tus empanadas, colocando un poco de masa en un pedazo de plástico y aplanandola con las manos, debe quedar delgada.
5. Coloca en el centro el relleno (vegetales, carne mechada, pollo guisado, caraotas negras, etc.), dobla de extremo a extremo y con un recipiente circular dale forma a tus empanadas.

6. En un sartén con abundante aceite caliente, fríe las empanadas y disfrutalas.

Empanadas gluten free

Ingredientes:
- 2 tazas de harina de maíz blanca o amarilla
- ½ taza de harina de arroz
- 3 cucharadas de endulzante
- ½ cucharadita de sal marina
- 2 cucharadas de aceite onotado o una pizca de onoto molido
- Agua, puedes usarla tibia y licuar con vegetales
- Relleno de tu preferencia

Preparación:
1. Colocar en un bowl todos los ingredientes, agregando el agua poco a poco hasta lograr una masa moldeable que despegue de tus manos.
2. Armar tus empanadas con el relleno escogido, como de costumbre.
3. Freír. Colocar en papel absorbente. Disfrutar.

Empanadas de batata / camote / boniato

Ingredientes:
- 1 taza de puré de batata
- ¾ de taza de mix de harinas o de harina de arroz (en caso de usar harina de arroz adicionar ¼ de cucharadita de goma)
- 1 cucharada de miel (opcional)
- 2 cucharadas de aceite
- Pizca de sal, orégano y si lo deseas cúrcuma
- Para el relleno: carne, pollo o pescado con vegetales

Preparación:
1. Mezclar todos los ingredientes y amasar muy bien, hasta obtener una masa suave y no pegajosa.
2. Agrega agua de la cocción de la batata, por cucharadas, si la sientes seca.
3. Formar las empanadas, freír u hornear.

Pastelitos tipo masa fácil

Ingredientes:
- ½ taza de harina de arroz
- ½ taza de almidón de maíz
- ¼ de taza de harina de yuca
- 1 huevo
- 2 cucharadas de aceite
- ¼ cucharadita de goma guar o goma xanthan (opcional)
- 1 cucharadita de polvo de hornear
- ½ cucharadita de sal
- ½ de taza de agua tibia

Preparación:
1. Mezcla el huevo y el aceite con un tenedor.
2. Luego incorpora el resto de los ingredientes y amasa (el agua la colocas poco a poco buscando consistencia).
3. Deja reposar la masa 15 minutos, extiende en una superficie y corta en forma circular.
4. Rellena con lo que desees.
5. Cierra el borde con un tenedor o simplemente dobla el borde hacia arriba.
6. Lleva al horno en bandeja engrasada y enharinada por 25 minutos, a 200° C o hasta que esté dorada.
7. También puedes freír en abundante aceite.

Tips:
★ Puedes guardar la masa cortada en círculos, con separadores, en la nevera, solo de rellenar y cocinar.
★ También puedes armar tus pastelitos rellenos y refrigerarlos así.

Tortilla de espinaca

Ingredientes:
- 1 puñado de hojas de espinacas limpias
- ¼ de taza de agua
- 1 clara de huevo
- ½ taza de harina sin gluten
- ½ cucharadita de polvo de hornear sin gluten
- Pizca de sal, orégano y albahaca

Preparación:
1. Batir la clara de huevo y reservar.
2. Licuar el agua y la espinaca (esto si tu niño tiene problemas para comerla picada).
3. Agregar el agua con espinaca al bowl donde tienes la clara batida y batir.
4. Añadir los demás ingredientes.
5. Cocinar en sartén antiadherente tapado y dar la vuelta hasta dorar.
6. Servir con lo que desees acompañar.

Croquetas de ñame con salsa de espinaca

Ingredientes:
- Ñame
- Almidón de yuca
- Zanahoria rallada (opcional)
- Casabe molido
- Aceite permitido
- Almendra molida
- Espinaca
- Sal

Preparación:

1. Sancochar el ñame hasta que ablande, escurrir y hacer un puré.
2. Luego deja enfriar un poco, le colocan almidón de yuca y unen todo hasta que esté uniforme.
3. Si lo desean, pueden agregar otro vegetal como zanahoria rallada.
4. Lo dejan reposar hasta que la consistencia esté manejable, se darán cuenta que endurece un poco.
5. En un plato llano, colocar casabe molido, hacer formas de croquetas con el puré de ñame y pasar por el casabe.
6. En un sartén con aceite caliente, colocar croqueta por croqueta hasta que doren.
7. Poner la espinaca a hervir, hasta que ablande. Bajar de fuego, escurrir y procesar o triturar con una licuadora.
8. En un bowl, colocar la mezcla, agregar almendra molida, punto de sal al gusto, almidón de yuca (solo un poco para que espese) y llevar al fuego hasta que espese.
9. Colocar encima o a un lado de las croquetas.

Helado de cambur con cacao

Ingredientes:
- 2 cambures
- 2 cucharadas de cacao

Preparación:
1. Congela los cambures.
2. Luego licúas los cambures con el cacao.
3. Lleva la preparación a un molde en el congelador, hasta que se endurezca.

Helado de chocolate

Ingredientes:
- 1 litro de leche vegetal (almendras o coco)
- 4 yemas
- 8 cucharadas de xilitol
- 3 cucharadas de maizena
- 4 cucharadas de cacao

Preparación:
1. Colocar todos los ingredientes en una olla, mezclar y llevar al fuego hasta que hierva.
2. Deja que espese y remueve por 5 minutos aproximadamente.
3. Colocar en un molde, dejar enfriar y llevar al congelador.
4. A las 2 horas sacar y batir por 4 minutos aproximadamente.
5. Llevar nuevamente al congelador, hasta que esté firme.

Helado de Guanabana

Ingredientes:
- ½ taza de xilitol
- 2 tazas de agua

- 1 cucharadita de gelatina en polvo sin sabor y sin color
- 500 gramos de pulpa de guanábana
- 2 claras de huevo
- 1 cucharada de zumo de limón

Preparación:
1. Coloca el agua y el xilitol en una olla y cocina durante 8 minutos, a fuego lento. Retirar del fuego.
2. Mezcla la gelatina con 2 cucharadas de agua y derrite en baño de maria.
3. Coloque la guanábana, rocíe con el zumo del limón y cocine a fuego lento por 10 minutos, para que se ablande.
4. Triturela en la licuadora.
5. Ahora vierte la gelatina disuelta y la guanábana en el almíbar de xilitol. Y coloque un recipiente no muy profundo.
6. Lleve al congelador 3 horas. Retire del congelador.
7. Remueve con un tenedor, añada las claras a punto de nieve firme, mezcle todo suavemente e introduzca de nuevo al congelador por 6 horas y listo.

Churros de apio

Ingredientes:
- 2 apios grandes
- 1 tacita de agua
- 1 cucharada de maizina
- 1 cucharada de stevia o xilitol

Preparación:
1. Lavar bien los apios y pelarlos.
2. Luego picarlos en trozos y hervirlos en la tacita de agua.
3. Después que estén blanditos sacarlos del agua y ponerlos en un recipiente.
4. Luego triturar con tenedor y esperar que enfríe.
5. Echar la cucharada de maizena y la cucharada de endulzante, amasar y formar figuras.
6. En un sartén, con un chorrito de aceite vegetal, freír los churros y listo.

Churros de yuca

Ingredientes:
- 1 taza de puré de yuca
- 2 cucharadas de almidón de yuca
- 2 cucharadas de aceite

Preparación:
1. Mezclan todo, colocan en manga de repostería y engrasan una bandeja.
2. Forman los churros y llevan al horno por 20 minutos.

Churros de batata

Ingredientes:
- 1 taza de puré
- ½ taza de almidón de yuca
- ¼ taza de agua

Preparación:
1. Mezclas todo, lo metes en manga y lo fríes en aceite.

Churros de maíz

Ingredientes:
- ¾ de taza de maíz en grano o mezcla para cachapas
- ½ taza de harina de maíz
- ⅓ de taza de mix de harinas
- ½ cucharadita de sal
- 1 cucharada de miel o endulzante
- 1 taza de agua
- Cacao en polvo y endulzante para el sirope (opcional)

Preparación:
1. Colocar el maíz, sal, endulzante y agua en la licuadora o en un bolw, y mezclar.
2. Procede a vaciar la preparación en un envase.
3. Agregar las harinas. Mezclar bien y dejar reposar unos minutos.
4. Pasado el tiempo, verificar consistencia y llevar a una bolsa de repostería con o sin boquilla. Si no tienes manga de repostería puedes tomar porciones y darle forma de plastilina o aros uniendo las puntas.
5. Freír los churros como de costumbre.

Tips:
- ★ Puedes agregar sirope, miel y/o canela en polvo.

Torta de auyama

Ingredientes:
- 1 taza de harina sin gluten, a base de tubérculo
- 1 y ½ cucharadita de polvo para hornear
- ½ taza de aceite
- ½ taza de agua
- Stevia
- 1 taza de puré de auyama

Preparación:
1. Coloca los ingredientes secos en un recipiente.
2. Y los líquidos en otro bowl.
3. Luego mezclas las dos preparaciones y llevamos al horno, en molde engrasado por unos 35 minutos aproximadamente a 150° C.

Torta de zanahoria

Ingredientes:
- 1 taza de harina sin gluten
- ½ taza de aceite
- Stevia
- ½ cucharadita de goma xanthan
- 1 y ½ cucharada de polvo de hornear
- ½ taza de agua
- 1 taza de zanahoria rallada
- 1 cucharadita de canela

Preparación:
1. Mezclar los ingredientes secos en un recipiente.
2. Y los líquidos en otro bowl.
3. Unir las preparaciones y llevar al horno en molde engrasado solamente por 35 minutos, a 260 ºC.

Torta de zanahoria en licuadora

Ingredientes:
- 1 taza de harina de maíz, de harina de arroz o de mix de harinas
- 3 a 4 zanahorias crudas
- 3 cucharadas de aceite
- 1 y ½ cucharadita de polvo de hornear
- 4 huevos
- Endulzante permitido al gusto
- Canela, vainilla en vara, sarrapia o ralladura de algún cítrico
- Pizca de nuez moscada
- Pizca de sal
- ½ taza de leche vegetal o agua

Preparación:
1. Colocar en la licuadora los huevos y licuar hasta que estén espumosos
2. Agregar la zanahoria, aceite, leche o agua y pizca de sal. Licuar.
3. En un bowl colocar y mezclar la harina, endulzante, polvo y especias.
4. Unir poco a poco las dos mezclas, con ayuda de un batidor manual, hasta integrar.
5. Agregar la mezcla en un molde engrasado y enharinado.
6. Llevar al horno previamente precalentado por 30 minutos, a 200° C. Hasta que salga seco el probador.
7. Dejar enfriar y disfrutar.

Tips:
- ★ Pueden agregar nueces picadas o coco rallado a la mezcla.

Torta de melocotones

Ingredientes:

- ½ taza de harina de arroz
- ¼ de taza de almidón de papa
- ¼ de taza de harina de garbanzos o de cualquier leguminosa
- ¼ de cucharadita de goma xanthan
- 1 y ½ cucharadita de polvo para hornear
- Una pizca de sal
- ½ de taza de agua o de leche vegetal
- Vainilla al gusto
- 2 de cucharadas de aceite
- ⅓ de taza de endulzante
- Ralladura de naranja al gusto

Preparación:

1. Prepara un almíbar suave con 2 cucharadas de endulzante y una de agua.
2. Una vez listo, añadir una cucharadita de aceite vegetal y mezclar muy bien.
3. Vacía el caramelo en el molde y acomodar los melocotones cortados en gajos.
4. Lleva al horno por 10 minutos.
5. Mezcla los ingredientes secos en un bowl.
6. Aparte une los ingredientes líquidos y luego integra las dos preparaciones, hasta obtener una mezcla uniforme.
7. Una vez listo el molde, vacía la mezcla y lleva al horno nuevamente por 20 minutos o hasta que al introducir un palillo salga seco.
8. Deja enfriar un poco antes de desmoldar.

Mug cake de chocolate

Ingredientes:

1. 1 huevo
2. 3 cucharadas de harina o mix de harinas
3. 1 cucharada de cacao en polvo
4. 3 cucharadas de endulzante
5. ½ cucharadita de polvo de hornear
6. 1 cucharadita de aceite de coco (opcional)
7. 1 cucharada de leche vegetal o agua (de ser necesario)

Preparación:

1. Mezclar todo en una taza.
1. Llevar al Microondas durante 1:30 minutos.
2. Sacar y disfrutar.

Mug cake red velvet

Ingredientes:

- 4 cucharadas de mix de harinas
- 3 cucharadas de agua
- 1 cucharada de harina de remolacha
- 3 cucharadas de azúcar o sustituto
- ½ cucharadita de polvo para hornear

- 1 cucharada de aceite de coco
- 1 huevo
- Una pizca de sal

Preparación:
1. Mezcla todos los ingredientes en un recipiente pequeño, hasta lograr una mezcla homogénea.
2. Lleva la preparación a una taza apta para microondas, previamente engrasada.
3. Coloca la preparación en el microondas y cocina por aproximadamente 1:30 a 2:00 minutos. Procura ingresar solo 1 taza a la vez.

Tips:
- ★ Hay microondas más potentes que otros, en algunos podría estar lista en 1:00 minuto, por lo que es bueno revisar a partir de ese tiempo, introduciendo un palillo que debe salir seco.
- ★ Si no tienes harina de remolacha puedes usar 3 o 4 cucharadas de puré de remolacha, en ese caso es necesario eliminar el agua de la receta.

Tequeños de yuca

Ingredientes:
- 2 tazas de yuca/mandioca sancochada al dente (no muy blanda)
- Pizca de sal
- Toque de miel o endulzante (opcional)
- ⅓ de taza de almidón de yuca o de mix de harinas (opcional)
- 2 cucharadas de aceite
- Queso vegano o tiras de pollo previamente cocido

Preparación:
1. Rallar la yuca por el lado fino del rallador o hacerla puré con un tenedor.
2. Agregar los ingredientes, amasar hasta obtener una masa moldeable.
3. Estira la masa y corta en tiras delgadas.
4. Coloca el queso en una superficie plana, comienza a enrollar y sella las puntas.
5. Colocar sobre la bandeja engrasada.
6. Pincelar con aceite y llevar al horno hasta dorar.

Tips:
- ★ Para que quede más crujiente, pincela con un toque de agua con miel, a mitad del horneado.
- ★ Estos tequeños los puedes hacer, congelar y usarlos cuando gustes. Solo debes colocarlos en bandejas y cubrirlos con bolsas de envoplast o algo similar.

Tequeños de apio

Ingredientes:
- 1 taza de apio sancochado al dente (triturado o rallado)
- Mix de harinas o harina de arroz
- 4 cucharadas de aceite

- Sal al gusto
- 1 cucharadita de linaza o chía (opcional)
- Queso vegano, tiras de pollo o jamón sin gluten

Preparación:
1. Colocar en un bowl todos los ingredientes, menos el queso.
2. Amasar hasta lograr una masa que no se pegue en las manos.
3. Formar bolas, estirar la masa entre 2 plásticos. Cortar tiras.
4. Armar los tequeños como de costumbre (si vas a usar queso es el momento de colocarlo, antes de que armes el tequeño).
5. Hornear y disfrutar.

Tips:
★ Puedes sacar a mitad de cocción y barnizar. Opciones: miel + agua, aceite o huevo batido.

Barras de miel y aguacate

Ingredientes:
- 1 aguacate/palta
- 1 banana
- 2 cucharadas de aceite coco
- ½ taza de miel
- Un toque de zumo de limón
- Una pizca de sal marina
- Opcional: nueces, maní o almendras

Preparación:
1. Mezclar todos los ingredientes con el procesador.
2. Colocar en molde, previamente engrasado, con aceite de coco.
3. Agregar frutos secos para decorar.
4. Refrigerar mínimo 3 horas o toda la noche.
5. Sacar y picar en barras.

Barras de ajonjolí/sésamo

Ingredientes:
- 1 taza de ajonjolí/sésamo blanco
- 1 cucharadita de canela
- 1 punto de sal
- ½ de taza de miel

Preparación:
1. Tuesta el ajonjolí/sésamo en el horno a 200º C, removiendo de vez en cuando por 20 minutos aproximadamente o hasta que esté ligeramente doradito. Al término de ese tiempo retira y reserva.
2. Preparar a fuego moderado la miel, canela y sal, hasta que burbujee.
3. Agrega el ajonjolí y mezcla hasta que quede homogénea.

4. Retira y coloca en una bandeja, previamente preparada con papel parafinado o también se le puede colocar aceite en spray, para que no se peguen las barras y sean fáciles de sacar.
5. Se dejan enfriar, puedes acelerar el proceso colocándolas en la nevera por una hora.
6. Una vez compactada la mezcla, se pica de la forma como desee y puede guardarse en un envase de vidrio.

Galletas de miel

Ingredientes:
- 2 tazas de mezcla de harinas
- ½ taza de miel
- ½ taza de manteca vegetal, mantequilla o aceite
- 1 cucharadita de polvo de hornear
- Sarrapia, vainilla o ralladura de limón

Preparación:
1. Coloca en un bolw la mantequilla (o sustitutos), miel, sal y saborizante.
2. Incorpora la mezcla de harina y polvo de hornear.
3. Amasa hasta obtener una masa suave. Deja reposar en la nevera 10 minutos.
4. Enciende el horno a 180° C.
5. Al sacar de la nevera verifica su textura de la masa, si está muy suave incorpora más harina.
6. Estira y corta tus galletas. En este paso toma porciones y coloca entre 2 plásticos y con un molde saca las galletas.
7. Coloca sobre papel parafinado o molde engrasado y lleva al horno por 10 a 12 minutos, hasta que empiecen a dorar. No dejarlas más de ese tiempo pues quedarán muy duras luego de enfriarse.
8. Sacar del horno, colocar en rejillas a enfriar y listo.

Pasteles de batata horneados

Ingredientes:
- 1 taza de puré de batata
- 2 cucharadas de aceite
- 3 cucharadas de almidón de yuca

Preparación:
1. Mezclan todo y dejan reposar.
2. Luego arman los pasteles y rellenan a su gusto.
3. Llevan al horno en bandeja engrasada y enharinada por 20 minutos, o hasta que estén dorados, a 250 °C.

Compota de pera

Ingredientes:
- 4 peras maduras

- Vainilla en rama, canela o clavitos de especie

Preparación:
1. Tomar las peras, pelarlas, picarlas y colocarlas en una ollita con agua, que no tape los trozos de la pera.
2. Le pueden agregar la vaina de vainilla sin nada adentro. O sino pueden colocar canela, guayabitas, clavitos o simplemente las peras solas.
3. Cocinar un poco y luego llevar a la licuadora y listo.

Bombones de cacao

Ingredientes:
- 2 cucharadas de leche fría de coco (o la que tengas)
- 1 cucharada de cacao en polvo
- ¼ taza de aceite de coco
- Vainilla en vara o sarrapia
- Pizca de sal (opcional)
- Endulzante al gusto

Preparación:
1. Colocar la leche vegetal en la licuadora, con la vainilla y endulzante.
2. Agregar los demás ingredientes, colocando de último el aceite de coco, lentamente. Si la leche está bien fría debería espesar como cuando haces mayonesa.
3. Coloca un molde de silicona y refrigera.
4. El aceite de coco solidifica, una vez endurecido desmolda y disfruta.

Muffins de calabacín

Ingredientes:
- ½ taza de calabacín o zucchini rallado finamente
- ½ taza de harina sin gluten
- Stevia
- ½ taza de agua o leche vegetal
- ½ cucharadita de polvo de hornear
- ¼ de cucharadita de canela
- 1 huevo o 1 y ½ cucharadita de linaza molida + 1 cucharada de agua tibia

Preparación:
1. Si no puedes consumir huevos, coloca la linaza molida + la cucharada de agua tibia, mezcla y deja reposar 15 minutos. Si no es el caso, agrega el huevo con los ingredientes húmedos en un recipiente.
2. Luego, en otro recipiente, mezcla la harina, xylitol, canela, polvo de hornear, goma y canela.
3. Ahora une las 2 preparaciones con un batidor de mano, hasta tener una mezcla uniforme.
4. Coloca en moldes para ponques y lleva al horno por 20 minutos a 180° C o hasta que al introducir un palillo salga seco.

Muffins de calabaza

Ingredientes:
- 1 taza de Mix de harinas
- ¼ de taza de harina de almendras
- ½ taza de puré de calabaza/auyama
- ¼ taza de leche vegetal
- 2 cucharaditas de polvo de hornear
- ¼ de taza de aceite de coco
- ½ taza de endulzante
- 1 cucharadita de Pumpkin Pie Spice

Preparación:
1. Precalienta tu horno antes de iniciar con la preparación.
2. En un bowl mezclar: harinas, polvo de hornear y Pumpkin o especias.
3. En otro bowl mezclar los ingredientes líquidos y el puré de calabaza.
4. Con ayuda de una batidora incorporar los ingredientes secos.
5. Colocar en moldes para cup cakes y hornear a 160° C por 15 minutos.
6. Deja enfriar y disfruta.

Muffins de plátano:

Ingredientes:
- 1 plátano bien pintón crudo
- 3 cucharadas de harina de plátano o la que uses
- 1 huevo
- 2 cucharadas de linaza molida (opcional)
- 1 cucharadita de canela
- 1 cucharadita de polvo de hornear
- 1 pizca de sal

Preparación:
1. Rallar o triturar con un tenedor el plátano (yo lo rallé por el lado fino del rallador).
2. Batir el huevo con batidor manual hasta verlo espumoso.
3. Añadir el resto de los ingredientes, mezclar bien y dejar reposar.
4. Calienta el horno a 180°C.
5. Vierte el contenido en moldes individuales de ponquesitos y lleva al horno por aproximadamente 30 minutos.
6. Sabrás que están listos cuando la superficie esté doradita y al introducir el palillo salga seco.

Tips:
- ★ Puedes abrir con un descorazonador en el centro y agregar queso vegetal, dependiendo del tipo de molde que uses.

Grisines o palitos de apio

Ingredientes:

- 1 taza de de apio sancochado al dente, hecho puré
- 2 cucharadas de aceite
- 2 cucharadas de endulzante si los quieres dulces o pizca de sal y orégano al gusto si los quieres salados
- ⅓ de taza de harina de arroz, almidón de yuca, maizina o Mix de harinas

Preparación:
1. Mezclar todos los ingredientes hasta lograr una masa compacta.
2. Engrasar una bandeja. Hacen los palitos o grisines.
3. Llevar al horno hasta que estén dorados.
4. Sacar y disfrutar.

Tips:
★ Pueden barnizar con agua y miel.
★ Pueden hacer churros o formas de mandocas.
★ Pueden agregar ajonjolí o chia.

Mermelada de guayaba

Ingredientes:
- Pulpa de guayaba
- Endulzante al gusto
- ¼ de taza de zumo de limón
- Frasco de vidrio previamente esterilizado

Preparación:
1. Colocamos en una olla todos los ingredientes y llevamos a cocción, a fuego medio-bajo, sin dejar de mezclar para evitar se pegue.
2. Este proceso puede durar entre 15 a 20 minutos, dependiendo de la cantidad que hagan.
3. Retiramos del fuego, dejamos enfriar, colocamos en el envase de vidrio y refrigeramos.

Mermelada de sandia/patilla

Ingredientes:
- 500 gramos de patilla/sandía
- Zumo de 1 naranja
- ¼ a ½ taza de endulzante (depende de lo dulce de la patilla)

Preparación:
1. Retirar las semillas de la sandía y cortarlas en trozos.
2. Verter en una olla, añadir el jugo de la naranja y el endulzante y dejar reposar por 30 minutos.
3. Cocinar a fuego medio, removiendo constantemente hasta obtener una textura deseada.
4. Retirar del fuego y dejar reposar.
5. Envasar en frasco de vidrio previamente esterilizado y refrigerar.

Mermelada casera de moras:

Ingredientes:
- 1 kilo de moras limpias
- Endulzante al gusto
- Zumo de un ¼ de taza de limón

Preparación:
1. Colocar en una olla todos los ingredientes (no agregar agua), dejarlos reposar por 45 minutos.
2. Llevar a cocción a fuego alto y bajarlo a fuego bajo apenas rompa en hervor.
3. Mover constantemente durante 30 minutos aproximadamente, buscando la consistencia deseada.
4. Dejar enfriar y colocar en envase de vidrio, previamente esterilizado, para refrigerar.

Tips:
- ★ Si a tu peque le disgustan las pepitas puedes colocar a cocción unos 10 minutos, apagas, dejas enfriar, procesas y cuelas.
- ★ Luego llevar a cocción a fuego mínimo, sin dejar de remover, hasta que obtengas la consistencia deseada.

Pulpa de guayaba

Ingredientes:
- 4 guayabas rosadas sin piel, picadas en trozos.
- Endulzante al gusto
- 1 cucharada de zumo de limón
- 1 cucharada de agar agar (opcional)
- 3 tazas de agua

Preparación:
1. Llevamos a cocción las guayabas en el agua, por unos 10 a 15 minutos.
2. Retiramos y dejamos reposar.
3. Licuamos y pasamos por un colador, para obtener la pulpa sin las semillas.
4. Colocamos en una olla la pulpa, el endulzante, el agar agar y el zumo de limón.
5. Cocinamos a fuego medio-bajo hasta obtener la consistencia deseada, removiendo constantemente para evitar que la mermelada se queme en el fondo.
6. Retiramos del fuego. Dejamos enfriar un poco, envasamos y refrigeramos.

Donas, churros y empanadas con ñame

Ingredientes:
- 1 taza de puré de ñame
- 8 cucharadas de aceite permitido
- 1 taza de harina de arroz

Preparación:
1. Sancochar el ñame con concha hasta que al pinchar este blando, pero no mucho, debe estar al dente.

2. Retirar del fuego, pelar y formar el puré.
3. Agregar el aceite, la harina de arroz y amasar poco a poco.
4. Agregar agua hasta tener una masa moldeable, como la de hacer arepas.

Carne de lentejas para hamburguesas

Ingredientes:
- 1 taza de lentejas cocidas
- Cebollín, pimentón, zanahoria, cilantro, sal y orégano

Preparación:
1. Llevar todos los ingredientes a la licuadora o al picatodo.
2. Procesar hasta que se forme una mezcla homogénea.
3. Llevar a una plancha o sartén antiadherente, dándole la forma de carne de hamburguesas.

Mini hamburguesas con base de pan de plátano

Ingredientes:
- 3 huevos
- 1 plátano grande verde o pintón
- 2 cucharadas de aceite
- 1 cucharadita de polvo de hornear sin gluten
- 1 cucharadita de vinagre de arroz o manzana
- 1 cucharadita de linaza molida
- ½ cucharadita de sal
- Orégano al gusto
- Zanahoria rallada o en puré (opcional)
- Semillas de ajonjolí para decorar

Preparación:
1. Colocan los huevos en la licuadora y licuar hasta verlos espumosos.
2. Agregar el aceite, sal, vinagre, linaza y polvo de hornear y continuar licuando.
3. Luego van agregando el plátano crudo en rueda, poco a poco, y continúan licuando.
4. Por último agrega el orégano y la zanahoria (la zanahoria puedes agregarla rallada, no es necesario licuarla).
5. Colocan la mezcla en moldes para cupcakes (si son de silicona mejor), agregan semillas de ajonjolí para decorar y llevan al horno por 35 a 40 minutos.
6. Dejar enfriar, abrir y colocar lo que deseen.

Tips:
★ Puedes agregar 1 diente de ajo, le aporta un rico sabor.
★ Si no tienen este tipo de moldes lo pueden hacer tipo pan, engrasar un molde y colocar la mezcla, hornear y luego dejan enfriar y rebanar.
★ También pueden hacer una versión dulce, retirando el orégano, disminuyendo la sal y agregando endulzante, sarrapia, canela o vainilla. Incluso cacao.
★ Aprovechen para incorporar vegetales.

Tortilla de plátano

Ingredientes:
- 2 plátanos pintones
- Sal y orégano al gusto
- Cilantro, cúrcuma y cebollín
- 1 cucharada de aceite

Preparación:
1. Los plátanos se sancochan y se hacen puré.
2. Se condimentan con sal, orégano, cilantro, cúrcuma, cebollín y una cucharada de aceite.
3. Se amasa y se hacen tortillas delgadas, luego se doran por ambos lados.

Tips:
- ★ Dejar que el puré se enfríe muy bien para empezar hacerlas.
- ★ Las pueden acompañar con lo que les guste.

Pan de masa de yuca

Ingredientes:
- ½ kilo de yuca en puré
- 2 cucharadas de aceite
- 3 cucharadas de almidón de yuca
- ½ cucharadita de sal
- Relleno de lo que desees

Preparación:
1. Coloca todos los ingredientes en un tazón y comienza a amasar (el puré de yuca no debe tener grumos).
2. Luego de obtener una masa manejable, deja reposar.
3. Extiende en una superficie enharinada, formando un rectángulo, y coloca el relleno.
4. Luego agrega la yema de huevo con una brocha y los adornos con el resto de la masa sobrante (si no puedes consumir huevos, solo coloca un poquito de aceite para que se doren),
5. Finalmente agrega ajonjolí y coloca en el horno, una bandeja engrasada y enharinada, a 200° C por 30 minutos o hasta que esté dorado.

Base de papa para pizza

Ingredientes:
- 2 papas grandes o 3 pequeñas
- 1 huevo (opcional)
- 2 cucharadas de levadura nutricional
- 2 cucharadas de harina de almendras
- Sal, pimienta y orégano

Preparación:
1. Pelar las papas y sacar tiras con el pelapapas.

2. Colocarlas en un bowl con hielo y agua durante 20 minutos.
3. Colar y colocar las papas sobre un pañito y sacar excedente de líquido.
4. Colocar las papas en un bolw y añadir el resto de los ingredientes.
5. Calentar una sartén antiadherente y esparcir la mezcla.
6. Llevar a cocción a fuego medio-bajo y tapar.
7. Dorar y darle vuelta con apoyo de un plato o tapa.
8. Colocar la salsa y el topping y tapar hasta gratinar.
9. Servir y disfrutar.

Tips:
★ Pueden usar su freidora de aire.

Panecillos de batata

Ingredientes:
- 1 taza de puré de batata
- 2 cucharadas de aceite
- ½ taza de almidón de yuca
- Sal y especias al gusto

Preparación:
1. Amasar y formar los pancitos.
2. Llevar al horno por 40 minutos, a fuego medio-bajo, en bandeja engrasada.

Buñuelos de yuca

Ingredientes:
- ¼ de kilo de yuca en puré
- 2 cucharadas de almidón de yuca
- 2 cucharadas de aceite
- 1 cucharada de xilitol

Preparación:
1. Mezcla todo y coloca en tu mano un poquito de aceite, para darle forma a las bolitas.
2. Freír en aceite y luego dejar escurrir en servilletas.
3. Dejar enfriar y agregar un poquito de endulzante.

Buñuelos de auyama

Ingredientes:
- 1 taza de puré de auyama
- ½ taza de harina de arroz
- ¼ de taza de harina de yuca
- ¼ de taza de sagu-zulu
- ½ cucharadita de goma guar o goma xanthan
- 1 y ½ cucharadita de polvo de hornear
- 1 cucharada de aceite
- Endulzante al gusto

- ½ cucharadita de sal
- Especias al gusto (curcuma, canela y nuez moscada)

Preparación:
1. Mezclar todos los ingredientes, dejar reposar la mezcla unos minutos.
2. Hacer los buñuelos y freír.
3. Servir con lo que gustes.

Cachitos de papa

Ingredientes:
- 1 y ½ taza de puré de papa
- 1 taza de almidón de papa
- ½ cucharadita de sal
- 1 huevo más una clara
- ¾ de cucharadita de polvo para hornear
- 3 cucharadas de aceite
- ½ cucharada de miel de agave
- Jamón para rellenar

Preparación:
1. Colocar el puré en un bowl, agregar el aceite, sal, miel y huevo.
2. Aparte mezclar el almidón con el polvo para hornear.
3. Unir las dos preparaciones y amasar hasta obtener una masa suave. Si está muy dura puedes incorporar una cucharada de agua y si está muy floja añade algo más de almidón de papa. Esto dependerá de la consistencia de tu puré.
4. Estira la masa colocándola entre dos plásticos y aplanando con un rodillo.
5. Corta un triángulo y coloca un poco de jamón cortadito en el centro, enrolla desde la base del triángulo y dale forma a tu cachito.
6. Hornear por 10 o 15 minutos, a una temperatura aproximada de 180° C.
7. Sacar y barnizar con miel de agave diluida con un poco de agua.
8. Lleva nuevamente al horno hasta que estén doraditas.
9. Disfruta de tus deliciosos cachitos.

Receta de arepas con vegetales

Ingredientes:
- ¼ de calabacín
- ½ ramita de cebollín
- ¼ de pimentón verde
- Hojitas de cilantro

Preparación:
1. Licua todo con agua.
2. Luego, en un recipiente, agrega lo licuado e incorpora la harina de maíz.
3. Haz las arepas como de costumbre.

Paledonias/Catalinas

Ingredientes:
- 2 tazas de Mix de harinas
- 1 huevo (opcional)
- 3 cucharadas de aceite de coco
- 1 cucharadita de vinagre de arroz, de vinagre de manzana o de zumo de limón
- 1 cucharadita de polvo de hornear
- 1 taza de melado de papelón
- ¼ de cucharadita de bicarbonato
- Sarrapia o vainilla orgánica
- 6 unidades de clavos de especias (opcional)

Preparación del melado de papelón:
1. Agregar media taza de agua, el melado de papelón y los clavos de especias.
2. Llevamos a fuego hasta que el papelón se disuelva. Se deja enfriar.
3. Colocamos en un bowl el mix de harinas, el bicarbonato, el polvo y mezclamos.
4. Formamos un volcán en la harina y vamos agregando los líquidos.
5. Amasa muy bien hasta formar una masa elástica y uniforme que no se pegue en las manos.
6. Espolvorea harina en el mesón y extiende la masa con un rodillo, hasta obtener 5 a 6 milímetros de grosor.
7. Corta tus paledonias con un cortador redondo y con tus manos engrasadas, si es necesario alisa los bordes.
8. Ubica sobre una bandeja engrasada y hornea a 180° C por 15 minutos, hasta que sus bordes estén dorados y la superficie firme.
9. Retira, deja enfriar y disfruta.

Tips:
- ★ Si sientes la masa muy pegajosa, lava tus manos y vuelve a amasar. Si aún así sigue pegajosa agrega un poco más de mix de harinas.
- ★ El papelón se va colocando poco a poco según lo que pida la masa.
- ★ El huevo es totalmente opcional.

Tubérculos fritos

Ingredientes:
- Papa
- Batata
- Yuca
- Sal
- Aceite de girasol, coco o aguacate (solo si vas a freirlos)

Preparación:

1. Pela, lava y corta los tubérculos en palillos. Resérvalos por separado.
2. Hierve 2 minutos en agua con sal los bastones de yuca. Escúrrelos.
3. Vierte el aceite en el bowl. Ajusta la temperatura a 170° C. Caliéntalo.

4. Vierte una primera tanda de cada tubérculo por separado. Fríe durante unos 3 minutos. Retirarlos con una espumadera. Ponlos sobre papel absorbente.
5. Deja que la temperatura del aceite vuelva a lograr los 170º C.
6. Fríe de nuevo durante unos 3 minutos. El tiempo de cocción depende de la medida de los palos. Los tubérculos fritos tienen que quedar crujientes. Escúrrelos sobre un papel de cocina. Añade sal.
7. Sírvelos inmediatamente.

Pan de plátano

Ingredientes:

- 3 plátanos medianos y maduros machacados en puré
- 3 huevos
- 2 cucharadas o 60 gramos de miel de abeja
- 1 cucharadita de vainilla
- 60 mililitros de aceite de coco o aceite de oliva prensado al frío
- ½ cucharadita de canela en polvo
- ½ cucharadita de sodio
- 1 cucharada de jugo de limón
- 2 tazas de harina de almendra
- 25 gramos de semillas de linaza o semillas de chía molida

Preparación:

1. Precalienta el horno a 160º grados centígrados.
2. Junta el puré de plátano, la miel, el aceite, la canela, la vainilla, los huevos, el bicarbonato y el limón. Esto puede realizarse de forma manual o con el uso de una licuadora.
3. Ahora agrega la harina de almendra y la linaza, mezcla bien.
4. Engrasa ligeramente un molde para pan y cubre generosamente con harina de almendra. Esto evitará qué el pan se pegue.
5. El molde debe ser de unos 10 centímetros de ancho y 26 centímetros de largo.
6. Vierta la mezcla en el molde y hornea de 45 minutos a 1 hora, haciendo la prueba con un palillo o cuchillo insertado en el centro, el cual debe salir seco.
7. Retira del horno y deja enfriar antes de desmoldar.
8. Si no lo deseas muy dorado, puedes cubrir la parte superior del pan con papel aluminio, después de adquirir el dorado a tu gusto.

Pan dulce de maíz

Ingredientes:
- 2 tazas de harina de maíz (la de hacer arepas)
- 1 y ½ cucharadita de polvo de hornear.
- 2 tazas de leche vegetal
- 2 huevos
- ¼ de taza de endulzante
- ¼ de taza de aceite

- 1 pizca de sal
- Canela al gusto (opcional)
- 1 zanahoria rallada o licuada (opcional)

Preparación:
1. En un bowl mezcla la harina, el polvo y la canela y reserva.
2. En otro bowl bate los huevos hasta verlos espumosos, agrega el endulzante, la leche, el aceite y la pizca de sal.
3. Incorpora la harina y mezcla hasta integrar.
4. Agrega la zanahoria rallada.
5. Vierte la mezcla en un molde engrasado y hornea a 200° C por 1 hora aproximadamente (depende de tu horno). Hasta que al introducir el palillo el mismo salga seco.
6. Deja enfriar y disfruta.

Pan para hamburguesas

Ingredientes para antes de la fermentación:
- 3 y ½ tazas de Mix de harinas (sin gomas)
- ¼ taza de almidón de yuca
- 2 cucharadas de agave o papelón granulado
- 2 cucharaditas de levadura instantánea
- 3 cucharaditas de goma xanthan
- 1 cucharadita de sal
- 1 y ½ taza de agua
- ¼ taza de aceite de girasol
- 4 huevos

Ingredientes para después de la fermentación:
- ½ cucharadita de levadura instantánea
- 1 cucharadita de agave o papelón granulado
- Semillas de ajonjolí para decorar

Preparación:
1. En un bowl combina la mezcla de harina, almidón de yuca, endulzante, levadura y goma xanthan. Es importante mezclar bien los ingredientes secos antes de agregarlos a los ingredientes líquidos.
2. En otro bowl combina el agua, aceite, sal, endulzante y huevos.
3. Unir los ingredientes secos a los líquidos, mezclarlos a baja velocidad con una batidora. Luego aumenta la velocidad de la batidora y bate hasta que quede suave y cremosa.
4. Después de mezclar bien, cubre el bowl con papel film y refrigera durante la noche. Al día siguiente, retira la masa de la nevera y deje reposar a temperatura ambiente durante 20 a 30 minutos.
5. Disuelve la ½ cucharadita de levadura instantánea y el endulzante en una cucharada de agua y agregala a la masa. Mezcla bien con ayuda de la batidora.
6. Precaliente el horno a 180 ° C y engrasa 12 moldes pequeños redondos.

7. Moja tus manos con un poco de agua y toma una porción de la masa y forma con cuidado una bolita y colócala dentro del molde, así hasta formarlos todos.
8. Alisa la superficie de los panes con tus manos húmedas y finalmente agrega encima semillas de ajonjolí.
9. Cubre los panes con un plástico suficientemente engrasado y deja leudar hasta que doblen su volumen y en la superficie empiecen a salir agujeritos. Esto puede tomar de 10 a 15 minutos si el lugar es cálido.
10. Hornea tus pancitos durante 20 a 25 minutos, recordando siempre que esto dependerá de tu horno.
11. Saca tus pancitos del horno y desmolda inmediatamente.

Pan para hamburguesas de plátano sin harinas

Ingredientes:
- 2 plátanos pintones machos o 1 si es grande
- 1 pedazo de yuca
- Sal marina
- 2 ajíes dulces rojos
- 1 diente de ajo
- Ajonjolí tostado

Preparación:
1. Sancochar la yuca y el plátano al dente.
2. Convertir en puré hasta obtener una masa homogénea.
3. Mientras amasas, agregas sal, ajo, y el aji dulce rallado.
4. Toma porciones, realiza bolitas y les das la forma de pan de hamburguesas. barnizalos con aceite y agrega el ajonjolí en la parte superior antes de hornear.
5. Lleva los panes al horno a 350° C por 12 minutos.
6. Luego los decoras con el ajonjolí, los dejas unos minutos más en el horno y listo.

Tips:
★ Los panes los puedes hacer y congelar.

Pan dulce de calabaza y canela

Ingredientes para el fermento:
- ¾ de taza de puré de calabaza
- ¾ de taza de leche de coco
- 3 cucharadas de agave
- 1 y ½ cucharada de aceite de coco
- 1 cucharadita de pumpkin pie spice
- 1 taza de mezcla de Mix de harinas
- 1 cucharada de levadura sin gluten

Ingredientes para la masa:
- 2 tazas de Mix de harinas
- ½ cucharadita de sal

Ingredientes para la mezcla de canela y azúcar:

- 3 cucharadas de endulzante en polvo
- 2 cucharadas de azúcar de coco o papelón
- 2 a 3 cucharaditas de canela
- 1 cucharadita de pumpkin pie specie

Preparación para hacer el fermento:
1. En un envase agrega la leche, el puré de calabaza, el endulzante, el aceite, el pumpkin pie specie y mezcla.
2. Añade la harina y la levadura y mezcla hasta que estén bien combinados, aproximadamente 1 o 2 minutos.
3. Deja reposar esta mezcla durante 45 minutos en un lugar cálido.

Preparación para hacer el pan:
1. Mezcla la sal con la harina, luego incorpora el fermento.
2. Una vez esté listo, batir durante 2 a 3 minutos en la batidora o de 4 a 5 minutos a mano, debes obtener una mezcla algo pegajosa.
3. Engrasa una manta de silicón para hornear y con mucho cuidado distribuye la masa en la manta, formando un rectángulo, ayúdate con las manos húmedas.
4. Espolvorea la mezcla de endulzante y la canela por todo el rectángulo.
5. Con mucho cuidado enrolla con ayuda de la manta de silicón, sella los bordes y coloca en una bandeja.
6. Cubre con un plástico engrasado y deje crecer en un lugar cálido por 30 minutos o hasta que doble el volumen.
7. Retira el plástico y hornea en horno precalentado a 180º C por aproximadamente 30 minutos o hasta que esté doradito.
8. Saca del horno, deja enfriar para rebanar y disfruta.

Doritos de pollo

Ingredientes:
- Pechuga de pollo cruda
- 3 cucharadas de harina de arroz sin gluten
- Especias: curcuma, paprika, ajo porro, cebollin y 1-2 dientes de ajo (opcional)
- Sal Marina
- 2 cucharadas de aceite
- Zanahoria y calabacín (rallar por el lado fino del rallador y quitar el excedente de líquido con un pañito)

Preparación:
1. Limpia bien la pechuga, córtala en trozos y procésala por partes en el procesador o licuadora (con paciencia, si es en licuadora poco a poco).
2. Coloca el pollo en un recipiente y agrega la harina.
3. Coloca en un vaso el aceite y las especias y agrégalos al pollo, junto a la zanahoria y calabacín. Mezclar.
4. Sobre una lámina de papel parafinado extiende el pollo, colocando sobre él otra lámina o papel plástico; que te permita extender con tus manos o con un rodillo hasta obtener una masa delgada.

5. Retira el plástico y lleva al horno previamente precalentado, a 250° C por 15 minutos.
6. Saca del horno, corta triángulos y hornea nuevamente, hasta que estén tostados y dorados.
7. Sirvelos con lo que gusten.

Papas tipo Mcdonald's

Ingredientes:
- 3 papas grandes
- 4 y ½ tazas de agua
- 1 taza de harina sin gluten (preferiblemente de arroz)
- 3 cucharadas de endulzante
- ½ cucharadita de sal
- Aceite para freír

Preparación:
1. Pelamos y cortamos las papas largas y finas, como las de McDonald 's.
2. Colocamos en 2 tazas de agua con hielo durante unos 10 minutos.
3. Escurrimos y secamos las papas con un pañito.
4. En las 2 y ½ tazas de agua restantes disolvemos el endulzante y sal.
5. Volcamos las papas y las dejamos reposar 10 minutos.
6. Escurrimos y volvemos a secar.
7. Freímos unos 3 a 4 minutos para que se pre cocinen y queden blandas por dentro.
8. Enharinamos las papas en bolw. Retiramos exceso de harina y colocamos en un recipiente con tapa.
9. Llevamos al freezer por 30 minutos.
10. Sacamos y freímos hasta dorar.

Gominolas de maracuya/parchita

Ingredientes:
- 2 a 3 parchitas (dependiendo del tamaño)
- 4 cucharadas de endulzante granulado
- 2 sobres de gelatina sin sabor
- 2 tazas de agua

Preparación:
1. Licuar la pulpa de la parchita sin agua, colar y reservar.
2. Colocar 1 y ½ taza de agua, el zumo de la parchita, los 2 sobres de gelatina y el endulzante en una ollita.
3. Mezclar muy bien para disolver la gelatina y el endulzante.
4. Llevar a fuego y al romper en hervor, bajar y seguir mezclando por unos minutos más.
5. Apagar y agregar la ½ taza restante de agua (a temperatura ambiente).
6. Colocar en molde y refrigerar durante varias horas o durante toda una noche.

Ingredientes:

★ Puedes usar láminas de gelatina sin sabor, si lo deseas.
★ Cada sobre de gelatina usado en la receta contiene 9 gramos.
★ Puedes hacerla en un solo molde o emplear vasitos.
★ Puedes hacer gomitas si tienes moldes y si no tienes coloca en molde cuadrado.
★ Lleva al refrigerador y al día siguiente pica.
★ Puedes pasar las gomitas por endulzante al servir.
★ Puedes sustituir la parchita/maracuyá por otra fruta.
★ El dulzor depende de tu paladar.

Patacones

Ingredientes:
- 2 plátanos machos verdes (no es banana)
- Aceite
- Proteína de elección (preferiblemente con vegetales)

Preparación:
1. Pelar el plátano y cortar en trozos medianos.
2. Freírlo a temperatura media durante unos minutos, hasta que estén dorados.
3. Una vez salga el plátano del aceite, escurrir muy bien y de inmediato aplastar con ayuda de una pataconera o tabla (entre 2 plásticos para que no se pegue).
4. Freír de nuevo los patacones hasta que estén dorados y crujientes, escurrir y reservar.
5. Finalmente sirve los patacones con el relleno que más te guste.

Empanadas de calabaza

Ingredientes:
- ½ taza de puré de calabaza
- 1 taza de harina de maíz sin gluten
- Pizca de sal
- Endulzante al gusto
- 1 taza de agua tibia
- Relleno de tu preferencia

Preparación:
1. Licuar el agua con el puré de auyama.
2. Colocar en un bolw harina, sal, endulzante.
3. Integrar todos los ingredientes, amasando hasta lograr una masa compacta, uniforme, manejable, que no se pegue en las manos.
4. Hacemos las empanadas como de costumbre, con el relleno de tu preferencia.
5. Las pueden hornear o freír.

Pan de aguacate palta

Ingredientes:

- ½ aguacate palta
- 1 huevo
- ½ taza de harina de almendras
- 2 cucharadas de almidón de yuca (opcional)
- 1 cucharadita de polvo de hornear
- 1 cucharada de aceite de oliva
- Sal y especias (puede ser ajo molido, paprika, cúrcuma, orégano, etcétera)
- Semillas de ajonjolí para decorar

Preparación:
1. Colocar en un bowl la harina, el polvo de hornear, las especias y mezclar todo.
2. En otro bowl colocar el huevo, aceite e incorporar el aguacate (hecho puré).
3. Unir todos los ingredientes. Menos el ajonjolí.
4. Colocar la mezcla en un molde previamente engrasado.
5. Agregar el ajonjolí tostado y llevar al horno hasta dorar.
6. Retirar, dejar enfriar un poco y listo.

Pan para perros calientes

Ingredientes:
- Yuca/mandioca sancochada al dente (aproximadamente 2 tazas), rallada por el lado fino del rallador
- ½ taza de almidón de yuca o Mix de harinas (opcional)
- La clara de 1 huevo (opcional)
- 2 cucharadas de aceite
- Especias: cúrcuma, orégano, incluso levadura nutricional (si lo desean)
- Pizca de sal

Preparación:
1. Mezcla hasta lograr una masa moldeable que no pegue de sus manos.
2. Toma porciones, das forma, colocas en bandeja previamente engrasada y llevas al horno precalentado, hasta dorar.
3. Si deseas puedes barnizar con la yema de huevo o sacar a mitad de cocción y barnizar con una mezcla de miel y agua.

Tips:
★ Lo que coloco como opcional es porque si no deseas pueden obviar tanto el huevo, como la harina o el almidón. Siempre dependerá de las texturas que les guste.
★ Es importante que la yuca/mandioca esté al dente.

Hot cakes o panqueques de plátano

Ingredientes:
- 2 huevos
- 1 plátano macho (no es banana)
- 2 cucharadas de aceite de coco
- 1 y ½ cucharadita de polvo de hornear sin gluten
- 1 cucharadita de vinagre de manzana

- 2 cucharadas de harina de almendras o coco (opcional)
- Pizca de sal
- Orégano al gusto

Preparación:
1. Colocar los huevos en la licuadora y licuar hasta verlos espumosos.
2. Agregar el aceite, sal y vinagre.
3. Luego van agregando los plátanos pelados crudos, en ruedas, y continúan licuando.
4. Colocar en un bowl y agregar la harina de almendras o de coco.
5. En sartén antiadherente, previamente caliente y engrasado, colocar porciones de la mezcla.
6. Dar vuelta y dorar por ambos lados.

Panquecas de remolacha sin huevo

Ingredientes:
- 1 taza de leche vegetal o agua
- 6 cucharadas de harina de panquecas o Mix de harinas
- 3 a 4 cucharadas de crema de arroz
- ½ remolacha cruda pelada
- 2 cucharadas de aceite o mantequilla derretida
- 1 cucharadita de vinagre de arroz o manzana (opcional)
- ½ cambur o plátano maduro o 1 cucharadita de linaza molida
- Endulzante al gusto
- Pizca de sal
- 1 cucharadita de polvo de hornear
- Vainilla o sarrapia al gusto

Preparación:
1. Colocar en la licuadora todos los ingredientes, agregando de último las harinas, hasta integrarlos.
2. Dejar reposar la mezcla mínimo 30 minutos.
3. Hacer las panquecas como de costumbre.
4. Servir con lo que desees.

Panquecas choco calabacín sin huevos

Ingredientes:
- 1 taza de leche vegetal o agua
- 6 cucharadas de harina de panquecas o Mix de harinas
- 3 a 4 cucharadas de crema de arroz
- 1 calabacín pequeño
- 2 cucharadas de aceite o mantequilla derretida
- 1 cucharadita de vinagre de arroz o manzana (opcional)
- ½ cambur o plátano maduro o 1 cucharada de linaza molida
- Endulzante al gusto
- Pizca de sal

- 1 cucharadita de polvo de hornear
- Vainilla o sarrapia al gusto
- 1 cucharada de cacao en polvo

Preparación:

1. Colocar en la licuadora todos los ingredientes (menos el cacao), agregando de último las harinas, hasta integrar todos los ingredientes.
2. Separar la mitad de la mezcla y a la otra mitad agregar el cacao y mezclar.
3. Dejar reposar las mezclas mínimo 30 minutos
4. Hacer las panquecas como de costumbre, colocando porciones de las 2 mezclas al mismo tiempo en sartén antiadherente (previamente engrasado y caliente).
5. Servir con lo que deseen.

Dulce de concha de patilla/sandía

Ingredientes:

- Concha de patilla (retirar la parte verde y dejar solo lo blanco de la misma)
- Endulzante al gusto (pueden usar papelón si lo tienen permitido)
- Guayabita
- Canela en vara
- Pizca de sal
- Zumo de ½ limón o jugo de 1 naranja

Preparación:

1. Pica la patilla en tiritas muy delgadas y colócalas en una olla, con agua suficiente para cubrirlas.
2. Agrega pizca de sal y lleva a cocción durante aproximadamente 30 minutos.
3. Cuela y reserva ½ taza de esta agua.
4. Vuelve a colocar en la olla las tiras de patilla y agrega el jugo, endulzante, guayabita, canela y deja reposar por 20 minutos.
5. Pasado el tiempo lleva a cocción y agrega la ½ taza de agua que habías reservado.
6. Deja que merme, removiendo cada cierto tiempo para que se caramelicen.
7. Deja enfriar y coloca en refractario.
8. Lleva a la nevera o sirve.

Polvorosas chips

Ingredientes:

- 1 y ¼ taza de almidón de maíz (maizena - maicena)
- 1 huevo (sustituible por 6 cucharadas de leche vegana)
- ½ taza de aceite de coco o manteca vegetal
- ¼ taza de gotas bytter
- 3 cucharadas de stevia o eritritol
- Pizca de sal
- Vaina de vainilla, sarrapia o ralladura de algún cítrico (si lo desea)

Preparación:

1. En un bowl mezclar aceite, endulzante granulado, pizca de sal y vainilla.

2. Si usas manteca vegetal, cremar junto con el endulzante.
3. Incorporar el huevo o cucharadas de leche vegetal.
4. Agregar la maizena poco a poco, hasta lograr una consistencia moldeable que no se pegue en tus manos.
5. Incorporar las gotas bytter.
6. Reposar la masa en la nevera unos 10 minutos.
7. Retirar y formar las galletas.
8. Llevar a horno precalentado a 180° C hasta dorar sus bordes.
9. Dejar enfriar y disfrutar.

Corazones de arracacha/apio

Ingredientes:
- 1 taza de puré de apio
- 1 taza de harina de apio o mezcla de harinas sin gluten
- 4 cucharadas de aceite
- Pizca de sal, orégano y curcuma
- Especias a elección
- 1 cucharadita de linaza o chía (opcional)
- 1 cucharada de miel (opcional)
- Relleno de preferencia

Preparación:
1. Mezclar los ingredientes y amasar muy bien, hasta obtener una masa suave, no pegajosa (si necesitas líquido vas agregando agua de a poco, podría ser de la cocción del apio).
2. Estirar la masa entre 2 plásticos y sacar las porciones de corazón con cortador.
3. Agregar el relleno de tu preferencia. Armar y sellar los bordes.
4. Hornear o freír.

Arepas andinas

Ingredientes:
- 2 tazas de Mix de harinas
- 3 cucharadas de mantequilla ghee o aceite permitido
- 1 huevo
- 1 taza de leche vegetal o agua tibia
- 1 cucharadita de polvo de hornear
- 1 cucharadita de vinagre de manzana, vinagre de arroz, gotas de limón o gotas de naranja
- Endulzante al gusto
- Pizca de sal

Preparación:
1. Tamiza y mezcla el mix de harinas y el polvo de hornear. Reserva.
2. En un bolw añade el aceite o mantequilla y mezcla con el endulzante.

3. Agrega huevo y los demás ingredientes, sin colocar el agua o leche por completo (se va añadiendo poco a poco, de acuerdo a lo que sientas necesite la masa).
4. Amasa bien, logrando una masa moldeable que despegue de tus manos.
5. Deja reposar unos 20 minutos la masa.
6. Espolvorea almidón sobre el mesón, toma la masa y continúa amasando hasta que la harina despegue de tus manos.
7. Estira la masa con un rodillo y corta las arepas (puedes usar un vaso para darle forma).
8. Coloca en sartén antiadherente y doralas por lado y lado.
9. Retira y sirve con lo que gustes.

Preparación:
★ Si no puedes comer huevo sustituye por ¼ de taza de auyama rallada cruda.
★ Si deseas puedes agregar melaza de caña, solo 2 cucharadas le dará un sabor y valor adicional.
★ Puedes agregar 1 cucharada de chía o linaza sin hidratar.

Envueltos de plátano

Ingredientes:
- 3 plátanos pintones (no son bananas)
- Zumo de limón
- Pizca de sal
- 1 cucharada de aceite
- 1 cucharada de linaza molida (opcional)
- Pimentón o ají dulce rallado (opcional)
- Aceite o agua con miel para barnizar
- Proteína con bastantes vegetales o con lo que gustes para el relleno

Preparación:
1. Sancochar el plátano y le agregan al agua zumo de limón (para que no se oxide el plátano).
2. Agregar el aceite (para que ablanden).
3. Al estar blandos forman un puré en caliente, triturando con un tenedor, rallando por el lado fino del rallador, en el procesador o con el pisa puré.
4. Agregan sal, pimentón rallado y la linaza molida. Amasar. Si necesitan más agua toman de la cocción.
5. Forman bolitas presionando en sus manos, rellenan con lo que les guste y cierran.
6. Pueden dejarlas con forma de bolitas o aplastan un poco más para que quede tipo arepita.
7. Pueden colocar masa en moldes para cupcakes, luego rellenan y con otro poco de masa cierran.
8. Barnizan y llevan al horno hasta dorar. Retirar y Disfrutar.

Tips:

★ Pueden agregar 2 cucharadas de almidón de sagú, almidón de maíz (maizina) o mix de harina (si lo desean).

★ Pueden adicionar la mitad de un huevo batido y con la otra mitad pueden barnizar, si no tienen problemas de intolerancias o alergias al mismo.

Muffins salados

Ingredientes:
- 2 Huevos
- 3 cucharadas de harina de almendras
- 1 cucharada de levadura nutricional (opcional)
- 1 calabacín pequeño
- Cilantro, pimentón y ají dulce picadito
- Jamón sin gluten
- Sal al gusto
- Especias al gusto: cúrcuma, orégano y paprika
- ¼ de taza de lechada vegetal

Preparación:
1. Licuar huevos y calabacín.
2. Agregar la leche.
3. Verter en un bowl y agregar los demás ingredientes.
4. Realice un sofrito con los vegetales y el jamón.
5. Colocar en moldes para cupcakes y hornear hasta dorar.
6. Retira y disfruta.

Preparación:
★ Puedes adicionar queso

Muffins de plátano

Ingredientes:
- 1 plátano bien pintón crudo
- 3 cucharadas de harina de plátano o la que uses
- 1 huevo
- 2 cucharadas de linaza molida (opcional)
- 1 cucharadita de canela
- 1 cucharadita de polvo de hornear
- 1 pizca de sal

Preparación:
1. Rallar o triturar con un tenedor el plátano (por el lado fino del rallador).
2. Batir el huevo con batidor manual hasta verlo espumoso.
3. Añadir el resto de los ingredientes, mezclar bien y dejar reposar.
4. Mientras calentamos el horno a 180° C, vierte el contenido en moldes individuales de ponquesitos y lleva al horno por aproximadamente 30 minutos.
5. Sabrás que están listos cuando la superficie esté doradita y al introducir el palillo sale seco.

Tips:

★ Puedes abrir con un descorazonador en el centro y agregar queso vegetal. Dependiendo del tipo de molde que uses.

Panquecas saludables

Ingredientes:
- 1 y ¼ taza de harina de almendras
- ¼ de taza almidón de yuca
- 1 cucharada de polvo de hornear
- 2 huevos
- ⅓ de taza de lechada vegetal
- 2 cucharadas de endulzante
- ¼ cucharadita de sal

Preparación:
1. Mezclamos los 3 primeros ingredientes y reservamos.
2. En otro bowl mezclamos huevos, leche, endulzante y sal.
3. Unimos ambas preparaciones hasta integrar y lograr una mezcla homogénea.
4. Hacemos las panquecas como de costumbre y servimos con lo que más nos guste.

Helado cremoso de aguacate/palta

Ingredientes:
- 1 aguacate maduro
- ¾ de taza leche vegetal
- Endulzante al gusto
- 1 cucharadas de aceite de coco
- Zumo de ½ limón

Preparación:
- Procesar todos los ingredientes.
- Llevar al congelador durante mínimo 4 horas.
- Servir y disfrutar.

Tips:
★ Puedes añadir manzana verde y mantequilla de maní.

Helado de aguacate y melón

Ingredientes:
- Melón dulce (aproximadamente 320 gramos)
- 2 cucharadas de zumo de limón
- 1 taza de agua
- ½ aguacate grande (aproximadamente 135 gramos, sin piel ni hueso)

Preparación:

1. Coloca en un bowl todos los ingredientes.

2. Triturar todo bien hasta conseguir una crema suave.
3. Vierte la mezcla en los moldes, coloca un molde en cada palito y congela durante al menos 5 a 6 horas.

Tips:
* ★ Tips: puedes usar un procesador o licuadora o si prefieres solo licua el agua con el melón y agregas en el bowl junto con los demás ingredientes.

Tacos de yuca/tapioca

Ingredientes:
* ½ kilo de yuca sancochada al dente (no muy blanda, rallar por el lado fino del rallador)
* Pizca de sal
* 2 cucharadas de aceite
* Especias al gusto (orégano, cúrcuma, etcétera.)
* ½ taza de almidón de yuca (opcional)

Preparación:
1. Tomar la yuca rallada y agregar sal, aceite, cúrcuma y orégano. Amasar.
2. Agregar el almidón de yuca si decides usarlo.
3. Amasar hasta integrar todo y lograr una masa moldeable.
4. Formar las bolitas, colocar entre dos papeles plásticos y presionar.
5. Llevar a una sartén antiadherente, dorar por ambos lados.
6. Sirve con lo que gustes.

Salchichas de pollo caseras

Ingredientes:
* 1 pechuga o 500 gramos de pollo (debe estar sin piel, sin hueso y bien limpia)
* 1 huevo (opcional)
* 2 cucharadas de almidón de maíz o harina sin gluten
* 1 cucharada de mostaza
* ½ diente de ajo rallado o ajo en polvo
* Especias: paprika, cebolla molida y pizca de nuez moscada
* ⬜Sal marina
* Incorporar vegetales
* ⬜½ zanahoria
* ¼ de remolacha/betabel

Preparación:
1. Procesar el pollo y reservar.
2. Cocinar la zanahoria y remolacha/betabel hasta ablandar.
3. Licuar el huevo con los vegetales.
4. Agregar al pollo: sal, harina, especias, mostaza y el huevo con vegetales. Mezclar bien hasta que esté completamente integrado todo.
5. Llevar a la nevera por 1 hora.

6. Coloca en el mesón un papel film estirado. Colocamos porciones de masa en forma de salchichas.
7. Puedes ayudarte con una manga pastelera sin pico o una bolsa fuerte como las de Ziploc.
8. Envolver la salchicha con cada papel film, procurando que no quede aire dentro (si queda no pasa nada).
9. Cerrar las puntas como un caramelo dando vueltas . Vuelve a refrigerar por ½ hora.
10. Coloca agua a hervir y al romper en hervir ponlas durante unos 10 a 15 minutos.
11. Me gusta hacerlas al vapor.
12. Retira del agua, deja enfriar, corta una punta para retirar el papel.

Tips:
★ Si no usas los vegetales. Cuando las vayas a servir dorarlas en sartén para darles color.
★ Puedes congelarlas previamente cocidas.
★ No se preocupen por el color intenso de la remolacha que se pierde un poco al cocinarlas.

Galletas rápidas

Ingredientes:
- 1 taza de harina de almendras
- 2 cucharadas de harina de coco
- 2 bananas
- ¼ taza de mantequilla de maní
- 2 cucharadas de miel (opcional)
- Gotas Bytter al gusto

Preparación:
1. Trituramos las bananas hasta formar un puré.
2. Agregar la mantequilla y el toque de miel.
3. Agregar las harinas hasta integrar.
4. Agrega las gotas Bytter.
5. Lleva el refrigerador por 20 minutos.
6. Precalienta el horno a 180° C y engrasa o coloca papel parafinado en un molde.
7. Forma las bolitas y aplánalas un poco.
8. Hornear por aproximadamente 15 minutos. Hasta dorar los bordes.
9. Retira, deja enfriar y disfruta.

Tips:
★ Estas galletas son suaves con un ligero toque crunch.
★ Puedes hacerlas solo con harina de almendras o probar con Mix de harinas.

Galletas tipo oreo

Ingredientes para la masa:
- 1 taza de mezcla Mix de harinas

- 2 cucharadas de harina de garbanzos
- ½ taza de cacao en polvo
- ¼ de taza de manteca vegetal
- ¼ de taza de miel de agave
- ¼ de cucharadita de polvo para hornear
- ¼ de cucharadita de bicarbonato

Preparación para la crema:
- ¼ de taza de endulzante pulverizado (use agave granulado)
- ⅛ de taza de manteca vegetal
- 1 cucharada de leche vegetal (si es necesario)
- Vainilla o ralladura de sarrapia al gusto

Preparación:
1. Mezcla todos los ingredientes en un envase y amasa hasta obtener una masa suave y consistente.
2. Corta tus galletas de la forma que prefieras y llevalas a una bandeja engrasada.
3. Coloca la bandeja en el horno precalentado a 180° C, de 10 a 15 minutos.
4. Deja enfriar.
5. Mezcla los ingredientes del relleno hasta que estén suaves y cremosos.
6. Rellena tus galletas y listo.

Panna cotta vegana de moreras

Ingredientes de la primera capa (gelatina de moreras):
- 2 tazas de agua
- Endulzante al gusto
- 2 cucharadas de agar agar o 2 sobres de gelatina sin sabor
- ½ taza de moreras o de un fruto rojo a elección

Preparación:
1. Colocamos 1 taza de agua, con el endulzante y los frutos rojos a hervir, por unos cuantos minutos. Retiramos, licuamos y colamos.
2. Agregamos la gelatina sin sabor en el líquido colado y llevamos a cocción, hasta disolver. Retiramos y agregamos la otra taza de agua restante.
3. Vertemos la gelatina en el molde escogido y dejamos templar a temperatura ambiente.
4. Luego, con mucho cuidado, llevamos a refrigerar para que cuaje (4 horas). Esto para que la presentación sea más bonita y llamativa.

Ingredientes de la segunda capa:
- 2 tazas de lechada vegetal
- 2 cucharadas de agar agar (pueden usar más gelatina sin sabor)
- Endulzante al gusto
- Vaina de vainilla o ralladura de limón o de naranja (opcional)

Preparación:
1. En ½ taza de leche disolvemos el agar agar y reservamos.

2. En la leche restante agregamos el endulzante, la vainilla o sarrapia y llevamos a cocción.
3. Al romper en hervor agregamos la otra parte de la leche y continuamos removiendo para que no se pegue (el agar agar se activa en caliente). Solo unos minutos luego de hervir.
4. Sacamos nuestro molde y vertemos la mezcla sobre la capa de gelatina y volvemos a llevar a la nevera. Puedes dejarla toda la noche.
5. Servir y Disfrutar.

Preparación:
★ Puedes usar cualquier leche vegetal. Yo la hice con leche de almendras.
★ Cualquier fruta funciona.

Scones de maizena

Ingredientes:
- 2 y ½ tazas de Mix de harinas
- 1 taza de maicena
- 1 pizca de sal
- 3 cucharaditas de polvo de hornear
- ½ taza de mantequilla clarificada o manteca vegetal
- 4 cucharadas de agave granulado
- 2 huevos
- ½ taza de leche vegetal o agua
- 1 yema para pintar

Preparación:
1. Tamiza la harina, la sal, el polvo de hornear y la maizena (almidón de maíz).
2. Dar forma de volcán y en el centro coloca la mantequilla o manteca, leche vegetal o agua, los huevos y el agave.
3. Unir todos los ingredientes, tratando de no amasar, solo mezclar hasta integrar los ingredientes. Si notas la masa un poco seca puedes añadir un tantito más de líquido.
4. Estira la masa sobre una manta de silicona doble, dejándola de aproximadamente 2 centímetros de espesor.
5. Corta los scones con cortapastas redondo de aproximadamente 4 centímetros de diámetro.
6. Acomodarlos en una placa para horno sin engrasar, pintarlos con la yema de huevo apenas batida y cocinarlos en horno caliente a 160° C por unos 12 a 15 minutos.
7. Acompáñalos con lo que desees.

Tortillitas de calabacín o zucchini

Ingredientes:
- 2 calabacines/zucchinis medianos
- 2 huevos
- 3 a 4 cucharadas de harina de almendras
- 1 cucharadita de polvo de hornear (opcional)

- Especias al gusto (utilicé: orégano,paprika y cúrcuma)
- Sal marina al gusto (¼ de cucharadita)
- 1 cucharada de levadura nutricional (opcional)
- 2 cucharadas de aceite de coco o de oliva

Preparación:
1. Rallamos el calabacín por el lado fino del rallador.
2. Colocamos sobre un pañito y exprimimos para sacar excedente de líquido.
3. Mezclamos la harina, el polvo, las especias, la sal y levadura nutricional en un bowl.
4. Batimos los huevos e incorporamos los ingredientes secos y mezclamos.
5. Incorporamos el calabacín rallado.
6. En un sartén o plancha antiadherente, previamente engrasado y caliente, formamos nuestras tortillitas y las doramos por ambos lados.

Tips:

★ Puedes sustituir los huevos por gel de linaza. 1 huevo equivale a 1 cucharada de linaza molida + 3 cucharadas de agua tibia. Dejar reposar 10 minutos y está listo para usar.
★ La harina de almendras puedes sustituirla por el Mix de harinas o por la harina de tu preferencia.

Plum cake vegano

Ingredientes:
- 2 tazas de Mix de harinas
- 1 taza de leche vegetal
- 1 taza de endulzante permitido
- ½ taza de aceite de coco o girasol
- 2 cucharadita de polvo de hornear
- 1 cucharadita de vinagre o jugo de limón
- 1 pizca de sal
- Ralladura de 2 naranjas (opcional)
- Frutas confitadas, gotas bytter, frutos secos o zanahoria rallada

Preparación:
1. En un bowl mezclamos aceite, endulzante, leche y vinagre.
2. En otro bowl mezclamos harina, polvo de hornear y sal.
3. Mezclamos ambas preparaciones y agregamos ralladura de naranjas y confituras.
4. Vertemos en un molde previamente engrasado y horneamos a 180° C por 45 minutos, hasta dorar y que al introducir el cuchillo salga seco.
5. Deja enfriar, desmolda y disfruta.

Tips:

★ La leche debe estar a temperatura ambiente. Si está fría puedes calentarla un poquito.
★ Mezcla la leche aparte con el vinagre y deja que repose por 15 minutos.

★ Si usas frutas confitadas, colócalas en una tacita y añadeles 1 cucharada de harina, para que queden más esparcidas y no se vayan al fondo.
★ A este Plum Cake le agregué un mix entre nueces, frutas confitadas y gotas bytter.

Fruta confitada de sandia/patilla

Ingredientes:
- 1 patilla
- Endulzante (el que gusten)
- Agua
- 1 cucharadita de sal marina
- Canela o vainilla

Preparación:
1. Lavamos la patilla, retiramos toda su pulpa y reservamos para utilizar en cualquier otra receta (como la de gelatina de sandía).
2. Retiramos de la concha de la patilla (su cáscara verde).
3. Se lleva a cocción por 10-15 minutos con una cucharadita de sal marina.
4. Se lava y se cuela.
5. Se corta en cuadritos.
6. Se cubre con agua, se agrega el endulzante y la especia elegida.
7. Se lleva a fuego medio-bajo hasta quedar al dente.
8. Colar. Dejar reposar por 1 día.
9. Impregnar con el endulzante y guardar en frascos de vidrio en la nevera.

Tips:
★ Dejar de color natural.
★ Separar antes de colocar en reposo por 1 día y agregar 1 a 2 gotas del color que desees.
★ Impregnar de endulzante y usarlas en tu torta negra, Panetton, ponquecitos navideños, etcétera.
★ Por cada taza de sandía/patilla agregar ½ taza de endulzante.
★ No comprar sandías abiertas, ya que las mismas absorben toda la toxicidad del ambiente.

Pan de batata navideño

Ingredientes:
- 1 taza de harina de arroz
- ½ taza de harina de yuca
- ¼ de taza de harina de garbanzo
- ½ cucharadita de goma xanthan
- 2 cucharaditas de polvo para hornear
- 1 taza de puré de batata rosada
- 1 taza de leche de coco
- ⅓ de taza de miel de agave
- 1 cucharada de jugo de limón

- 1 cucharadita de vainilla o ralladura de sarrapia
- 2 cucharadas de aceite de girasol
- 3 cucharadas de semillas de linaza molidas
- Frutas confitadas y/o frutas secas (la cantidad que desees), en esta receta te enseño a hacer las de sandía Fruta confitada de sandia/patilla

Preparación:
1. Coloca los ingredientes secos en un bowl y revuelve.
2. En otro bowl combina los ingredientes líquidos.
3. Une las dos mezclas con una espátula, hasta que todos los ingredientes estén bien combinados.
4. Ahora agrega las frutas y mezcla nuevamente con la espátula.
5. Engrasa y enharina un molde para pan y vacía la mezcla.
6. Hornea en el horno a 180° C, durante unos 45 minutos o hasta que al introducir un palillo salga casi limpio. No lo cocines más de lo necesario.
7. Saca, desmolda y deja enfriar antes de rebanar.

Galletas surtidas

Ingredientes:
- 1 y ¾ tazas de Mix de harinas
- Saborizantes naturales: ralladura de naranja, limón o mandarina
- ¼ de cucharadita de bicarbonato
- ½ cucharadita de polvo de hornear
- ⅓ de taza de aceite de coco, manteca vegetal o ghee
- ⅓ de taza de miel
- Pizca de sal marina

Preparación:
1. Combinamos en un bowl el mix de harinas y el bicarbonato.
2. En otro bowl mezcla la miel, aceite o manteca y sal.
3. Combina ambas preparaciones hasta obtener una masa suave y uniforme.
4. Refrigera por 10 minutos.
5. Forma tus galletas.
6. Hornea hasta que estén ligeramente doradas, a 180° C por unos 12 minutos.
7. Retira y deja enfriar.

Tips:
- ★ Si necesitas líquido en la masa agregar por cucharadas, poco a poco, la leche vegetal o agua.
- ★ Puedes hacerlas con huevo en vez de miel, ese ese caso tienes que agregar ½ taza de endulzante.

Galletas tipo pasta seca

Ingredientes:

- 2 y ¼ tazas de Mix de harinas

- 1 taza de mantequilla clarificada suavizada o manteca vegetal
- ⅔ tazas de azúcar o endulzante que uses
- 1 huevo grande
- Vainilla, jengibre, ralladura de limón o naranja
- ¼ de cucharadita de sal
- ½ cucharadita de polvo para hornear

Preparación:

1. Calienta el horno a 200° C.
2. Combina todos los ingredientes en un envase, excepto el mix de harina.
3. Bate a velocidad media con batidora, hasta que quede cremoso.
4. Agrega el mix de harinas y bate hasta que esté bien mezclado.
5. Ajusta la prensa de galletas con la plantilla deseada, llena con masa de galletas.
6. Presiona la masa sobre las bandejas para hornear sin engrasar y arma tus galletas.
7. Hornea durante 7 a 9 minutos o hasta que los bordes estén ligeramente dorados.

Polvorosas de mandarina o naranja sin huevos

Ingredientes:
- 1 y ¼ taza de almidón de yuca. Si no tienes puedes usar Maizena (almidón de maíz)
- ⅓ de taza de aceite de coco, mantequilla o manteca vegetal
- ¼ de cucharadita de canela, sarrapia o vainilla en vara
- Pizca de sal
- Ralladura y zumo de 1 mandarina o si prefieres puedes usar naranja
- Endulzante al gusto

Preparación:
1. En un bowl mezclamos el endulzante, con el aceite, mantequilla o manteca vegetal.
2. Añadimos pizca de sal, canela, sarrapia o vainilla y continuamos mezclando.
3. Agregamos ralladura de mandarina o naranja.
4. Agregamos el almidón hasta integrar.
5. Amasamos, si te hace falta humedad agrega agua por cucharadas o si, por el contrario, la masa está pegajosa, agregar por cucharadas más almidón.
6. Lleva a la nevera por 10 minutos.
7. Precalienta el horno a 180° C.
8. Coloca una bandeja con papel parafinado o bandeja medio engrasada.
9. Humedece tus manos, toma pequeñas porciones y forma bolitas.
10. Coloca sobre el papel y aplasta un poco.
11. Con ayuda de un cuchillo húmedo haz unas rayas o usa tenedor.
12. Hornea de 10 a 15 minutos, semi doradas.
13. Saca, deja enfriar y disfruta.

Tips:
- ★ Si puedes cítricos ve agregando agua por cucharadas hasta integrar.
- ★ Puedes agregar coco rallado, le dan un sabor único.

Empanadas de apio

Ingredientes:
- 1 taza de apio/arracacha (sancochado al dente) y rallado por el lado fino del rallador
- 2 taza de Mix de harinas
- 3 cucharadas de aceite
- Pizca de sal, curcumay orégano
- 1 cucharadita de linaza o chía sin activar (opcional)
- Relleno de preferencia

Preparación:
1. Mezclar los ingredientes y amasar muy bien, hasta obtener una masa suave y no pegajosa (si necesitas líquido vas agregando agua de a poco, podría ser de la cocción del apio/arracacha).
2. Armar las empanadas como de costumbre, colocando el relleno de preferencia.
3. Puedes hornear o freír. Disfruta.

Pan de jamón

Ingredientes:
- ½ kilo de yuca/mandioca/tapioca
- ½ taza de Mix de harinas o almidón de yuca (opcional)
- 1 huevo
- 2 cucharadas de aceite
- 300 gramos de jamón libre de gluten
- 200 gramos de tocineta
- Pasas y aceitunas al gusto
- Miel
- Sal

Preparación:
1. Cocinar la yuca dejándola al dente (no muy cocida). Retira las fibras de la yuca.
2. Rallar por el lado fino del rallador.
3. Agregar 2 cucharadas de aceite, miel y un toque de sal.
4. Agregar la clara de huevo (opcional)
5. Agregar el mix de harinas o almidón de yuca, hasta lograr una masa moldeable.
6. Estira la masa sobre una manta o papel para horno engrasado. Corta un rectángulo y coloca el jamón, tocineta, pasas, aceitunas.
7. Enrolla y cierra los bordes.
8. Barniza con yema, aceite o toque de agua con miel.
9. Decora tu pan con trocitos de la misma masa.
10. Barniza de nuevo y hornea a 200° C por 25 a 30 minutos aproximadamente.

Tips:
★ Para que la yuca quede al dente, coloca a hervir el agua y una vez rompa en hervor, incorpora la yuca y deja aproximadamente por 10 minutos. Retira y escurre.
★ Recomiendo dejar la yuca en la nevera durante la noche y al día siguiente trabajarla.

Pan de jamón sin huevo

Ingredientes:
- ¾ de taza de agua
- 3 cucharadas de aceite de girasol
- 1 cucharadita de sal
- 1 cucharada de miel de agave
- ½ cucharada de levadura
- 1 y ¾ tazas de Mix de harinas sin goma
- ¼ de taza de harina de garbanzos
- ½ cucharada de goma xanthan

Preparación:
1. Mezcla en un envase el agua, la miel, el aceite y la sal, reservar.
2. En otro envase mezcla el resto de los ingredientes.
3. Une las dos preparaciones y amasa muy bien por al menos 10 minutos.
4. La masa debe quedar suave, un poco pegajosa.
5. Deja reposar la masa tapada hasta que doble el volumen, saca el aire, estira, rellena y enrolla.
6. Deja leudar por 30 a 45 minutos.
7. Hornea a 200° C por 30 minutos o hasta que esté dorado.

Torta o budin de pan

Ingredientes:
- 2 tazas de leche
- 2 tazas de pan duro
- 4 huevos
- ¼ de taza de aceite
- ¾ de taza de endulzante
- ¾ de taza de Mix de harinas
- 1 cucharadita de polvo de hornear
- 1 cucharadita de canela o vainilla

Preparación del caramelo:
1. Coloca ½ taza de endulzante en una olla a fuego medio.
2. Prepararlo y colocarlo en el molde donde se hornea la torta.

Preparación de la torta:
1. Hidratar el pan con leche.
2. Mezcla la harina, el polvo de hornear y la canela.
3. Mezclar aceite con endulzante hasta lograr una crema.
4. Agrega uno a uno los huevos y bate bien.
5. Incorpora poco a poco el pan remojado y la mezcla de harina.
6. Verter todo en el molde y hornear a 160° C por 45 minutos aproximadamente.
7. Retira del horno y deja enfriar unos minutos antes de desmoldar.

Torta de naranja

Ingredientes:
- 1 y ½ taza de Mix de harinas
- 1 y ½ cucharadita de polvo de hornear
- 1 taza de endulzante
- 3 huevos
- ½ taza de aceite vegetal
- ½ taza de jugo de naranja
- Ralladura de una naranja
- Pizca de sal
- Sarrapia

Preparación:
1. Mezclar la harina y el polvo de hornear. Tamizar. Reservar.
2. En otro recipiente, bate los huevos hasta que estén bien espumosos y hayan doblado su volumen.
3. Incorpora la sal, la ralladura de naranja y el endulzante poco a poco.
4. Añade el aceite lentamente en forma de hilo.
5. Incorpora la mezcla de harinas poco a poco, alternando con el jugo de naranja.
6. Bate con paleta en forma envolvente.
7. Vaciar la mezcla en molde engrasado y enharinado.
8. Llevar a horno precalentado a 180° C por 20 a 25 minutos.

Tips:
- ★ A esta mezcla le puedes agregar 2 cucharadas de harina multigrano.
- ★ Si no tienes todas las harinas puedes buscar las mezclas para tortas, que tienen todo lo que necesitas.

Torta de mandarinas

Ingredientes:
- 2 mandarinas medianas
- 2 huevos
- ¾ de taza de aceite de girasol
- 1 y ½ cucharadita de polvo para hornear
- 1 y ¼ taza de Mix de harinas
- ¾ de taza o un poco menos de azúcar o sustituto
- Una pizca de sal

Preparación:
1. Parte a la mitad una de las mandarinas, retira completamente las semillas (incluso las chiquitas), sino se hace amarga la torta.
2. Colocar la mandarina sin semillas en la licuadora, junto a los huevos. Agregar poco a poco el aceite y la sal.
3. Vaciar la preparación en un envase, agregar el azúcar y el jugo de la otra mandarina (¼ de taza).
4. Luego incorporar la harina mezclada con el polvo de hornear.

5. Batir bien hasta incorporar todos los ingredientes.
6. Llevar a un molde engrasado y colocar en horno precalentado por 30 minutos o hasta que al introducir un palillo salga limpio.
7. Decorar al gusto.

Torta con ciruelas

Ingredientes para hacer el bizcocho:
- 4 huevos separados
- 1 taza de endulzante (recomiendo azúcar morena)
- 1 y ½ tazas de Mix de harinas
- 1 cucharadita de polvo para hornear

Ingredientes para la crema pastelera:
- 1 taza de leche
- Piel de limón
- 2 cucharadas de almidón de maíz
- 2 yemas de huevo
- ¼ de taza de endulzante

Ingredientes para la mermelada de ciruela:
- 1 taza de ciruelas pasas sin semilla
- 1 taza de agua
- 2 a 3 cucharadas de endulzante (en mi caso las ciruelas estaban bastante dulces y no fue necesario)
- Media taza de vino tinto (para mojar el bizcocho)

Preparación del bizcocho:
1. Batir a punto de nieve las claras, agregar el endulzante, las yemas y con movimientos envolventes incorporar la harina y el polvo para hornear.
2. Llevar al horno en un molde engrasado por 20 minutos o hasta que al insertar un palillo, salga seco.
3. Dejar enfriar muy bien.

Preparación de la crema pastelera:
1. Mezclar en la licuadora todos los ingredientes y cocinar a fuego medio, sin dejar de revolver, hasta que espese.

Preparación para hacer la mermelada:
1. Cocinar a fuego medio las ciruelas, con el agua y el azúcar, hasta que tenga consistencia espesa.

Preparación de la torta:
1. Rebanar el bizcocho en dos partes.
2. Colocar en un molde una capa de bizcocho mojado con vino, una capa de crema. una capa de mermelada y terminar con la otra capa del bizcocho.
3. Desmoldar, colocar en una bandeja y decorar con crema pastelera y ciruelas.

Torta negra

Ingredientes:
- ¼ de taza de harina de yuca
- ⅓ de taza de harina de arroz
- ⅓ de taza de maizena
- ⅓ de taza de cacao en polvo
- ¼ de cucharadita de goma xanthan
- ½ taza de xilitol o azúcar de su preferencia
- ⅓ de taza mantequilla clarificada
- Aceite vegetal o aceite de coco
- 4 huevos
- 1 cucharadita de vainilla (opcional)
- 1 y ½ cucharadita de polvo de hornear
- ¼ de cucharadita de bicarbonato
- 3 cucharadas de agua, si es necesario
- Una pizca de clavo de olor molido
- Una pizca de canela molida
- Ralladura de naranja y limón al gusto
- ½ taza de frutos secos

Preparación:
1. Tamizar las harinas, chocolate, goma xanthan, polvo de hornear y bicarbonato, reservar.
2. Batir los huevos hasta que se esponjen, agregar poco a poco el aceite, finalmente añadir la vainilla.
3. Incorporar a la mezcla de las harinas y mezclar hasta obtener una mezcla homogénea. Si la observas muy espesa, agrega las cucharadas de agua, sino simplemente omítelas.
4. Añadir las especias y los frutos secos y mezclar con una paleta.
5. Hornear por 30 minutos a 180° C o hasta que al introducir un palillo salga seco.
6. Decora a tu gusto.

Torta negra sin huevos

Ingredientes:
- 2 tazas de Mix de harinas
- 3 cucharaditas de polvo para hornear
- 1 taza de cacao en polvo
- 2 tazas de puré de remolacha
- 2 taza de miel de papelón espesa
- 1 cucharadita de pumpkin pie spice
- Una pizca de sal
- ½ taza de agua si es necesaria (dependerá de la consistencia del puré de remolacha y de la miel de papelón)
- Vainilla al gusto
- ½ taza de aceite

- Frutos secos al gusto

Preparación

1. En un bowl coloca la mezcla de harinas, cacao, canela y polvo para hornear. Reservar.
2. Aparte mezcla el puré de remolacha, endulzante, sal, aceite y agua.
3. Combina las dos preparaciones con ayuda de la batidora.
4. Agrega los frutos secos.
5. Llevar la mezcla a un molde engrasado y hornea por 20 minutos, o hasta que al insertar un palillo salga seco.
6. Decora a tu gusto.

Trufas de remolacha

Ingredientes:
- ¾ de taza de coco rallado
- 3 o 4 cucharadas de endulzante
- 1 taza de remolacha sancochada
- Ralladura de naranja
- Una pizca de pumpkin pie spice
- Chocolate para derretir

Preparación:

1. Triturar la remolacha en un procesador, hasta conseguir un puré.
2. Incorporar el endulzante hasta que quede bien integrado.
3. Añade el coco rallado, la ralladura de naranja y el pumpkin pie spice y procesar.
4. Saca del procesador, coloca en un envase, tapa y deja reposar toda la noche en la nevera.
5. Al día siguiente forma las trufas. Si sientes la masa un poco seca agrega un poco de jugo de naranja, pero no mucho, deben quedar firmes.
6. Derrite el chocolate en baño de maría y pasa las trufas por el chocolate.
7. Lleva a la nevera por una hora aproximadamente y luego disfruta.

Trufas de calabaza

Ingredientes:
- ½ de taza de puré de calabaza horneada
- 2 o 3 cucharadas de cacao puro
- 4 cucharadas de coco rallado seco
- 6 u 8 dátiles o ciruelas pasas (puedes usar algún endulzante si no tienes)
- 1 cucharada de agave
- Pumpkin pie spice al gusto
- Pasas, chocolate, maní y coco, para rellenar y rebozar

Preparación:

1. Colocar todos los ingredientes en un procesador, hasta obtener una mezcla uniforme.
2. Formar bolitas y pasar por coco seco, maní, chocolate rallado o fundido, etcétera.

3. Enfriar y disfrutar.

Omelette

Ingredientes:
- 2 huevos
- ⅓ de taza de leche vegetal
- 3 cucharadas de cilantro o perejil picado.
- 3 cucharadas de cebollín picadito
- 3 cucharadas de cebolla picada (opcional)
- 3 cucharadas de pimentón amarillo picado
- ½ taza de zanahoria rallada (o más, si lo deseas)
- 1/2 calabacín rallado (exprimir para retirar el líquido)
- 4 cucharadas de harina sin gluten (la que tengas)
- Sal marina al gusto
- Agrega especias al gusto como: albahaca, orégano, cúrcuma, etcétera
- Puedes añadir levadura nutricional o quesos veganos

Preparación:
- Colocar en un bowl los huevos y batir ligeramente.
- Agrega la leche, sal marina, especias y sigue mezclando.
- Agrega: cilantro o perejil, cebollín, cebolla, pimentón, zanahoria, calabacín y mezcla suavemente.
- Por último, agrega la harina y mezcla ligeramente hasta que no veas grumos.
- Coloca la mezcla en un sartén antiadherente, previamente engrasado, durante 10 minutos a fuego medio-bajo tapado.
- Puedes colocar arriba tomate cherry o simplemente al servir decora con hojitas de cilantro o perejil.

Tips:
- ★ Agrega todos los vegetales que quieras, puedes agregar los mismos o los que tengas listos para consumir.

Galletas saladas de arracacha-apio

Ingredientes:
- 1 taza de arracacha-apio previamente cocido (preferiblemente dejar en nevera la noche anterior y rallar al día siguiente)
- 1 y ½ taza de Mix de harinas
- 2 a 3 cucharadas de aceite oliva o el que tengas
- Especias al gusto (puede ser orégano, paprika, ajo molido, etcétera)
- Levadura nutricional (si lo deseas
- Sal al gusto

Preparación:
1. En un bowl coloca el mix, con especias y reserva.
2. En otro bowl combina el apio, aceite y sal.

3. Junta las dos mezclas poco a poco, hasta obtener una mezcla moldeable, no pegajosa. Si necesitas líquido o más harina, agregalo por cucharadas.
4. Estiramos la masa entre 2 plásticos.
5. Corta tus galletas de la forma deseada.
6. Hornea a 180° C, hasta que queden un tanto tostaditas.

Galletas saladas gluten free

Ingredientes:
- 2 tazas de restos de coco y ajonjolí
- 1 taza de harina de arroz
- ½ cucharadita de sal
- ½ taza de leche de coco
- ¼ de taza de mantequilla vegetal o de manteca vegetal

Preparación:
1. Mezcla todos los ingredientes en un envase y amasa hasta obtener una masa suave y consistente.
2. Arma tus galletas de la forma que prefieras y llévalas a una bandeja engrasada.
3. Coloca la bandeja en el horno precalentado a 180° C, de 10 a 15 minutos o hasta que estén doraditas.
4. Deja enfriar y disfrutarlas con lo que desees.

Tips:
★ Puedes combinar los restos de cualquier leche.

Galletas linzer

Ingredientes:
- ½ taza de mantequilla ghee o aceite de coco
- ⅓ de taza de miel de agave
- 2 tazas o un poco más de Mix de harinas
- ½ cucharadita de extracto de vainilla natural o un poco de ralladura de sarrapia
- Una pizca de sal
- Mermelada de tu preferencia
- Endulzante en polvo

Preparación:
1. Coloca la mantequilla en un bowl y bate con una batidora hasta que esté cremosa.
2. Agrega la miel , la sal y la vainilla y mezcla una vez más para combinar.
3. Agrega la harina y mezcla, luego amasa con las manos. La masa no debe estar pegajosa, sino debe ser firme; si está un poco pegajosa, agrega un poco más harina.
4. Extiende la masa y corta tus galletas con un cortador especial para este tipo de galleta o simplemente puedes usar cortadores de diferentes tamaños.
5. Hornea en un horno precalentado durante aproximadamente 13 a 14 minutos, hasta que los bordes comiencen a dorarse un poco. No debes hornearlas más de lo indicado, porque quedarán duras.

6. Retira del horno y colócalas en una rejilla para enfriar. Deja que las galletas se enfríen durante 10 minutos.
7. Si deseas espolvorea las galletas que tienen el corte central con el endulzante pulverizado.
8. Toma las galletas de forma completa y gíralas al revés, coloca ½ cucharadita de mermelada en el centro de cada galleta.
9. Cubre con las galletas que tienen el corte central y disfruta.

Hot cakes de zanahoria sin huevos

Ingredientes:
- 1 taza de leche vegetal o agua
- 1 taza de Mix de harinas
- ½ zanahoria pequeña
- 2 cucharadas de aceite
- 2 cucharaditas de vinagre de manzana
- ½ banana o 1 cucharada de linaza molida
- 2 cucharadas de proteína (opcional)
- Endulzante al gusto
- Pizca de sal
- 1 cucharadita de polvo de hornear
- Canela o sarrapia al gusto

Preparación:
1. Colocar en la licuadora todos los ingredientes, agregando de último las harinas, hasta integrarlos.
2. Dejar reposar la mezcla mínimo 20 minutos.
3. Colocar porciones en sartén antiadherente previamente engrasado y dando vuelta por lado y lado.
4. Servir con lo que desees.

Pastel de plátano

Ingredientes:
- 6 plátanos pintones cocidos al dente
- Carne, pollo o pescado para el relleno, con los vegetales que desees agregar
- Queso permitido
- 2 a 3 cucharadas de algún almidón (maizena, sagu, almidón de yuca o el que tengas)
- 1 huevo (opcional)

Preparación:
1. Rallan o hacen puré los plátanos cocidos, agregan 2 cucharadas de algún almidón (opcional) y la pizca de sal.
2. Bate 1 huevo y agrega solo la mitad (quienes no pueden huevos no le coloquen). Amasan y reservan.

3. Aparte preparan su carne, pollo o pescado con vegetales, dejándolos secos (puedes agregar: vainitas, pimentón rojo y amarillo, cebollin, aji dulce, sal marina y especias al gusto).
4. Sofríe, agrega la carne molida y caldo de huesos y lo dejas secar.
5. Luego, en un molde engrasado, coloca como base parte de la masa bien esparcida que cubra el fondo.
6. Luego colocas el relleno y cubres con la otra parte de la masa.
7. Barnizas con la otra mitad del huevo y agregas el queso permitido.
8. Llevas al horno hasta que dore. O hazlo en un sartén antiadherente, volteas el pastel por ambos lados para su cocción y listo.
9. Si lo sacas del horno y esperas que enfríe un poco queda más consistente.

Mandocas de calabaza/auyama

Ingredientes:
- ½ taza de puré de calabaza
- 1 taza de harina de maíz
- 1 cucharada de linaza molida (opcional)
- Pizca de sal
- Endulzante al gusto
- ¾ de tazas de agua tibia (un poco más si es necesario)

Preparación:
1. Colocar en la licuadora ¾ de tazas de agua y el puré de calabaza y licuar.
2. Colocar en un bowl el resto de los ingredientes e integrar el licuado, amasando hasta lograr una masa compacta, uniforme, manejable, que no se pegue en las manos.
3. Sobre una manta formar unas bolitas y luego tiritas tipo plastilina delgada, uniendo las puntas uno sobre otro
4. Las pueden hornear o freír.
5. Servir con lo que gusten en un desayuno o incluso en la merienda.

Crepes

Ingredientes:
- ¾ de taza de Mix de harinas
- ½ taza de agua o leche vegetal
- 2 cucharadas de aceite de oliva o el que tengas a tu alcance
- Pizca de sal marina y especias
- Vegetal de tu preferencia (espinaca, acelgas, zanahoria, remolacha, calabacín, remolacha, etcétera)

Preparación:
1. Licuar el agua o leche con el vegetal.
2. Agregar el aceite y los demás ingredientes hasta unificar.
3. Dejar reposar en la nevera mínimo 15 minutos. Si al sacar la mezcla está muy gruesa agregar un poquito más de leche o agua.

4. Realizar las crepes en sartén antiadherente, esparciendo las porciones en forma circular.
5. Dorar por ambos lados.
6. Retirar y colocar dentro de un pañito limpio para conservar, mientras preparan las demás.

Tips:

★ Si no quieres licuar los vegetales puedes colocarlos picados, como en el caso de la espinaca y acelga, limpiándolas previamente (puedes pasarlas por agua caliente, pero no las cocines porque pierden los nutrientes).

★ En el caso de calabacín o zanahoria rallada sacar excedente de líquido, colocándolos ya rallados sobre un pañito y exprimiendo.

★ Pueden hacerlas dulces, agregando el endulzante de su preferencia.

★ Pueden hacerlas con cacao para una merienda dulce, con mermeladas caseras o con mantequilla de maní.

★ Pueden acompañarlas con frutas y un sirope de cacao.

Crepes veganas

Ingredientes:
- 3 cucharadas de harina de arroz (sustituible por quinoa)
- 1 cucharada de almidón de papa
- 1 cucharada de almidón de yuca
- Una pizca de goma xanthan
- ½ cucharadita de miel de agave
- Una pizca de sal gusto
- Vainilla al gusto
- 1 cucharada de aceite
- ½ taza de leche de coco u otra leche vegetal (no quedan muy bien con agua)

Preparación:
1. Colocar todos los ingredientes en la licuadora y procesar.
2. Una vez obtengas una mezcla uniforme, dejar reposar por 5 minutos.
3. Luego cocinar en un sartén bien caliente y engrasado. Procura esparcir bien la mezcla para que queden bien finitas.
4. Disfruta con una deliciosa mermelada hecha en casa o con lo que desees.

Cestas de apio/arracacha

Ingredientes:
- 1 taza de apio sancochado al dente (triturado o rallado)
- Mix de harinas o almidón de yuca
- 4 cucharadas de aceite
- Pizca de sal
- Especias: cúrcuma y orégano
- 1 cucharadita de linaza o chía (opcional)
- Proteína a elección con vegetales, previamente cocida

Preparación:
1. Colocar en un bowl todos los ingredientes, menos la proteína.
2. Amasar hasta lograr una masa que no se pegue en las manos.
3. Formar bolitas, estirar la masa entre 2 plásticos.
4. Armar las cestas en los moldes para cupcakes.
5. Hornear, colocar el relleno dentro y disfrutar.

Tips:
★ Pueden sacar a mitad de cocción y barnizar. Opciones: miel + agua, aceite o huevo batido.
★ Pueden usar la harina sin gluten que deseen.

Cestas de yuca

Ingredientes:
- 2 tazas de yuca sancochada al dente
- ½ taza de almidón de yuca, harina de arroz o Mix de harinas (opcional)
- 2 cucharadas de aceite
- 1 cucharada de linaza molida o chía (opcional)
- Sal, orégano y cúrcuma al gusto
- Ají dulce, calabacín o zanahoria rallada (sacar el excedente de líquido al calabacín o zanahoria, sobre un pañito)
- Carne, pollo o pescado cocido con vegetales

Preparación:
1. Ralla la yuca por el lado fino.
2. Agrega el almidón, linaza, vegetal, aceite, sal y especias y amasar (si necesitas líquido humedece tus manos y vas amasando).
3. Toma porciones, estirar un poco y coloca sobre un molde para cupcakes, humedeciendo tus manos dale forma.
4. Lleva al horno previamente precalentado hasta dorar. Puedes pincelar con aceite.
5. Retira del horno y agrega la proteína con vegetales. Sirve y disfruta.

Cereal gluten free

Ingredientes:
- 1 taza de harina de yuca
- 2 cucharadas de harina de almendras
- 1 banana madura hecha puré (puedes sustituir por un plátano maduro, rallado por el lado fino del rallador)
- Pizca de sal
- 1 cucharadita de polvo de hornear
- 2 cucharadas de aceite de coco
- Canela en polvo (opcional)
- Trocitos de cacao (opcional)

Preparación:
1. En un bowl colocar todos los ingredientes secos.

2. Adicionar la banana o plátano maduro mezclado con el aceite de coco. Amasar.
3. Agregar los trocitos de cacao.
4. Estirar la masa entre 2 plásticos y con el cortador elegido cortar.
5. Hornear hasta dorar.
6. Retirar, dejar enfriar y disfrutar con la leche vegana de tu preferencia.

Brownie veganos

Ingredientes:
- ¾ taza de Mix de harinas
- 1 y ½ cucharadita de polvo de hornear
- ⅓ de taza de cacao en polvo
- ¼ cucharadita de sal
- 2 cucharadas de leche vegetal o agua
- ½ taza de puré de cambur/banana
- ¼ de taza de aceite de coco
- ½ taza de endulzante al gusto

Preparación:
1. Coloca en un bowl todos los ingredientes secos y mezclas.
2. En otro bowl coloca el puré de cambur, endulzante, sal, aceite y sigue batiendo. Incorpora con la ayuda de una paleta los ingredientes secos, hasta lograr una mezcla uniforme.
3. Puedes agregar trocitos de chocolate o frutos secos.
4. Lleva al horno, previamente precalentado, por aproximadamente 25 a 30 minutos a 160° C.
5. Deja enfriar y disfruta.

Brownie choco-coco

Ingredientes:
- 1 y ½ taza de harina de yuca
- ⅓ de taza de aceite de coco
- 1 taza de endulzante permitido
- ⅓ de taza de cacao en polvo
- 1 y ¼ taza de leche de coco (para realizar esta receta es conveniente usar leche de coco gruesa, sin pasar por tamiz)
- 2 cucharaditas de polvo de hornear
- 1 cucharadita de vinagre de manzana
- Vainilla o sarrapia al gusto
- ¼ de cucharadita de sal marina

Preparación:
1. Mezcla los ingredientes líquidos en un bowl, junto con la sal (leche de coco, vinagre y aceite).
2. En otro bowl mezcla los ingredientes secos.
3. Combina las dos preparaciones con una paleta, usando movimientos envolventes.

4. Coloca la mezcla en moldes para cupcakes o si lo prefieres en molde para tortas. Previamente engrasado y enharinado con harina de yuca, si lo amerita.
5. Lleva al horno a 180° C por 25 minutos o hasta que el palillo salga seco.
6. Deja enfriar y disfruta.

Tips:
★ Puedes servir con sirope de miel y cacao.
★ Puedes sustituir la leche de coco por otra leche vegetal.

Brownies de plátano

Ingredientes:
- 1 taza de harina de plátano
- ¼ de taza de harina de yuca
- 1 y ½ cucharadita de polvo para hornear
- ¼ de cucharadita de goma xanthan
- ½ taza de cacao en polvo
- ¼ de cucharadita de sal
- ¼ de taza de café caliente o agua
- 1 taza de miel
- 4 huevos
- ⅓ de taza de aceite de coco

Preparación:
1. Mezcla en un bowl la harina de plátano, harina de yuca, cacao, goma y polvo para hornear.
2. Aparte en otro bowl coloca los huevos y bate muy bien, hasta que dupliquen su volumen. Añade la sal y continúa batiendo.
3. Incorpora poco a poco el aceite y luego la miel.
4. Añade el café y bate hasta integrar.
5. Ahora vas a incorporar con ayuda de una paleta la mezcla de harina y cacao, hasta lograr una mezcla uniforme. Puedes agregar trocitos de chocolate o frutos secos.
6. Llevar la preparación a una bandeja previamente engrasada y hornear por aproximadamente 20 minutos a 160° C.
7. Retira del horno, deja enfriar un poco y disfruta.

Brownie de cacao y calabaza

Ingredientes para el brownie:
- ½ taza más 2 cucharadas de Mix de harinas
- 40 gramos de pasta de cacao sin azúcar
- ½ taza de miel de agave o de papelón
- 2 cucharadas de aceite
- 1 cucharadita de polvo para hornear
- ½ taza de leche de coco
- Una pizca de sal
- Sarrapia al gusto

Ingredientes para el topping de calabaza:
- ¼ de taza de puré de auyama horneada
- 2 cucharadas de endulzante granulado
- 2 cucharadas de leche de coco
- 1 cucharada de Mix de harinas

Preparación:
1. Coloca en un bowl la mezcla de harina, polvo para hornear y sarrapia. Reserva.
2. Mezcla muy bien los ingredientes del topping y reserva.
3. En una olla coloca la leche, pasta de cacao y sal, cocina a fuego bajo hasta que la pasta de cacao se derrita, incorpora la miel y retira del fuego.
4. Deja enfriar, incorpora poco a poco el aceite, bate hasta integrar.
5. Ahora vas a incorporar con ayuda de una paleta la mezcla de harina y cacao, hasta lograr una mezcla uniforme.
6. Llevar la preparación a una bandeja previamente engrasada, distribuye uniformemente a través de la bandeja.
7. Luego toma la mezcla de calabaza y la vas a colocar como gustes, pero con cuidado, en la superficie de la mezcla de cacao.
8. Hornea por aproximadamente 20 minutos a 160° C.
9. Retira del horno, deja enfriar un poco, corta y disfruta.

Reinitas con mermelada de guayaba

Ingredientes:
- 2 y ½ tazas de Mix de harinas (para 30 galletas)
- 1 cucharadita de polvo de hornear
- Pizca de sal
- ½ taza de manteca vegetal o aceite de coco
- ½ taza de endulzante
- 1 huevo + 1 yema
- Ralladura de limón o de naranja, o vainilla o sarrapia
- Mermelada de guayaba

Preparación:
1. En un bowl mezclar mix de harinas y el polvo de hornear.
2. Batir la manteca y el endulzante.
3. Incorporar huevos, ralladura de limón y pizca de sal.
4. Incorporar poco a poco el mix de harinas a la manteca cremada. La masa quedará un tanto pegajosa.
5. Envuelve en plástico y lleva a la nevera por media hora.
6. Forma bolitas de 20 gramos y coloca sobre la bandeja engrasada.
7. Presiona, sin llegar al fondo, en el centro de cada galleta y coloca la mermelada con ayuda de una manga pastelera.
8. Hornea a 180° C hasta que sus bordes doren.
9. Retira, deja enfriar y disfruta.

Tips:

★ Si no puedes comer huevo, retira y adiciona ⅓ de taza de leche vegetal y 3 cucharadas de miel.

Gomitas de flor de jamaica

Ingredientes:
- 2 y ½ tazas de agua
- ¼ de taza de flor de Jamaica
- 2 sobres de gelatina sin sabor
- Endulzante al gusto

Preparación:
1. Colocar en una ollita las dos tazas de agua, hasta que hierva.
2. Agregar la flor de Jamaica, hervir por 5 minutos y apagar.
3. Dejar reposar otros 5 minutos más y colar.
4. Volver a colocar el agua ya preparada a fuego medio.
5. En una tacita agregar la gelatina y el endulzante (si la gelatina es de sobre usa 2 sobres, si es detallada solo usa 4 cucharadas).
6. Agregar la mezcla de endulzante y gelatina a la ollita, remover constantemente hasta verificar que la gelatina se diluya bien (como 5 a 10 minutos). Retirar del fuego.
7. Agregar la otra media taza de agua a temperatura ambiente, remover y colocar en el envase escogido.
8. Refrigerar, picar (si no tienes moldes) y servir.

Tips:
★ Luego de picar las gomitas puedes pasarlas por un endulzante pulverizado.

Jalea de mango

Ingredientes:
- 2 tazas de pulpa de mango pintón
- ¼ de taza de endulzante
- Jugo de 1 limón, naranja o mandarina
- 2 cucharadas de agar agar
- ¼ de taza de agua

Preparación:
- Colocar los 3 primeros ingredientes en una olla y llevarlos a cocción a fuego medio, revolviendo constantemente.
- Disuelve aparte el agar agar con el agua y reserva.
- Cuando la pulpa de mango haya hervido mínimo 10 minutos, incorpora el agar agar.
- Cocina por 10 minutos más.
- Retira del fuego e inmediatamente coloca en envase refractario untado con aceite.
- Deja enfriar mínimo 2 horas y disfruta.

Waffles de plátano macho o plátano verde

Ingredientes:
- 2 plátanos verdes
- 3 huevos
- 3 cucharadas de trigo sarraceno (opcional)
- 2 cucharadas de aceite
- 1 cucharadita de polvo de hornear
- ½ cucharadita de bicarbonato
- 1 cucharadita de vinagre de manzana
- Pizca de sal
- Endulzante al gusto. Si lo prefieres salado agrega pizca de orégano.

Preparación:
1. Pelamos los plátanos crudos y los cortamos en rueditas.
2. Colocamos en la licuadora los huevos y licuamos hasta verlos espumosos.
3. Agregamos aceite, vinagre, polvo, bicarbonato, pizca de sal, endulzante y comenzamos a agregar los plátanos poco a poco, para no forzar la licuadora.
4. Agregamos el trigo sarraceno.
5. Colocamos en waflera hasta que doren y estén listos. Los míos fueron horneados por 20 minutos, hasta que doraron.
6. Acompañen con lo que les guste.

Tips:
★ Si no tienes wafflera puedes hacer muffins, pan o hot cakes.

Waffles veganas

Ingredientes:
- 1 y ¾ tazas de Mix de harinas
- ½ cucharadita de polvo para hornear
- ¼ de cucharadita de bicarbonato
- 2 cucharadas de aceite de girasol
- 1 y ¼ de taza de leche de coco
- ½ cucharadita de sal
- 1 cucharada de endulzante

Preparación:
1. Coloca todo los ingredientes en un bowl y combinalos con una paleta o con una batidora. Es una mezcla bastante espesa.
2. Cocina de acuerdo a las instrucciones de tu máquina para waffles.
3. Acompaña con lo gustes.

Compota de parchita/maracuyá

Ingredientes:
- 2 parchitas grandes
- Endulzante al gusto

- Agua

Preparación:
1. Abrir las parchitas y retirar las semillas.
2. Colocar las semillas en la licuadora y licuar (sin agregar agua). Colar.
3. Colocar la concha de las parchitas a cocinar con abundante agua, hasta que ablanden.
4. Retirar del fuego y dejar enfriar.
5. Retira de la concha la pulpa con una cucharilla.
6. Coloca la pulpa en la licuadora o procesador y agrega 3 cucharadas del concentrado de parchita.
7. Agrega endulzante permitido al gusto.
8. Refrigera un rato o sirve de una vez y disfruta.

Galletas de caraotas o lenteja

Ingredientes:
- 1 taza de caraotas cocidas sin aliños
- ½ taza de miel
- ¾ de taza de Mix de harinas
- ¼ de taza de aceite de coco
- 2 cucharadas de cacao en polvo
- ¾ de cucharadita de polvo de hornear
- Pizca de sal
- Pizca de canela, ralladura de sarrapia o vainilla en vara
- Ralladura y toque de algún cítrico (naranja, mandarina o limón) para contrarrestar el sabor de la lenteja (opcional)

Preparación:
1. Coloca las caraotas y la miel en el procesador. hasta obtener una crema uniforme.
2. Vaciar en un envase y agregar aceite de coco o manteca vegetal. Batir muy bien con ayuda de una batidora.
3. Aparte mezclar los ingredientes secos.
4. Unir las dos mezclas y amasar.
5. Formar pequeñas bolitas y aplanarlas un poco.
6. Colocar sobre bandeja engrasada o bandeja forrada con papel de hornear.
7. Llevar al horno a temperatura media, por alrededor de 15 minutos.
8. Retira, deja enfriar y disfruta.

Tips:
★ Puedes hacerlas con lentejas.

Galletas choco chip en sartén

Ingredientes:
- ½ taza de endulzante
- 1 y ½ taza de harina de coco
- 1 cucharadita de polvo para hornear

- ¼ de cucharadita de sal
- ½ cucharadita de goma xanthan
- ¼ de taza de agua
- 2 huevos
- ½ taza de gotas de chocolate

Preparación:
1. Coloca todos los ingredientes, menos las gotas de chocolate, en un bowl.
2. Mezcla hasta obtener una masa suave y uniforme.
3. Incorpora las gotas de chocolate a la masa.
4. Engrasa un sartén apto para el horno.
5. Coloca la masa en la sartén y presiona hasta cubrir todo el fondo del mismo.
6. Lleva al horno precalentado a 180º C, por aproximadamente 15 minutos.
7. Saca del horno, deja enfriar un poco y corta en la forma que prefieras.

Galletas choco-ajonjolí sin huevos

Ingredientes:
- 1 taza de harina sin gluten o Mix de harinas
- 4 cucharadas de endulzante
- 4 cucharadas de aceite
- Pizca de sal
- 2 cucharadas de cacao en polvo
- Ralladura de algún cítrico
- Vainilla, canela o sarrapia
- Gotas de bytter (opcional)
- Ajonjolí sobrante de la leche (bagazo que queda al colar la leche)
- 4 cucharadas de agua, leche o cualquier líquido

Preparación:
1. Mezclar todos los ingredientes, menos las gotas de bytter.
2. Amasar un poco, si necesitas más líquido agregarlo de cucharada en cucharada.
3. Llevar al refrigerador unos 15 minutos. Sacar.
4. Engrasar una bandeja o colocar papel parafinado, hacer las galletas de la forma deseada.
5. Colocar las gotas de bytter.
6. Llevar al horno previamente precalentado durante 10 a 12 minutos, a una temperatura de 180° C.
7. Retirar, dejar enfriar y disfrutar.

Galletas semidulces de ajonjolí y miel

Ingredientes:
- 1 y ½ taza de Mix de harinas
- ¼ de taza de miel
- ¾ de taza de ajonjolí blanco
- ½ taza de margarina de ajonjolí, manteca vegetal o ghee

- 1 cucharadita de polvo para hornear

Preparación:
1. Coloca en un bowl la mantequilla de ajonjolí y miel.
2. Luego incorpora la mezcla de harinas, junto al polvo para hornear y mezcla muy bien.
3. Incorpora solo ½ taza de ajonjolí, reserva el resto.
4. Amasa hasta obtener una masa suave. Deja reposar en la nevera por 10 minutos.
5. Mientras transcurre el tiempo, enciende el horno a 160° grados C y engrasa una bandeja para las galletas.
6. Transcurrido el tiempo saca la masa de la nevera y arma tus galletas, haciendo pequeñas bolitas con la masa y pasándola por el ajonjolí que reservaste.
7. Colócala en la bandeja aplanándolas un poco.
8. Lleva al horno por aproximadamente 12 minutos o hasta que empiecen a dorar.
9. Retira del horno, coloca tus galletas en una rejilla y deja enfriar.

Galletas de zanahoria y calabacín

Ingredientes:
- 1 y ¼ taza de Mix de harinas o harina de arroz
- ⅓ de taza de endulzante
- 1 taza de calabacín (zucchini) rallado
- ½ taza de zanahoria rallada
- 2 cucharadas de aceite de coco
- Ralladura de naranja o limón.
- 1 cucharadita de polvo de hornear
- Ralladura de sarrapia, vaina de vainilla o canela molida
- Pizca de sal

Preparación:
1. El calabacín y la zanahoria deben ser rallados por el lado fino del rallador y colocados sobre un pañito, a fin de sacar el excedente de líquido (no botarlo, lo puedes necesitar).
2. Colocamos en el bowl todos los ingredientes y comenzamos a amasar hasta integrar. Si necesitas algo de líquido agrega el zumo que te quedó al exprimir los vegetales.
3. Una vez integres todo, envuelve en plástico y lleva a la nevera por unos 10 minutos.
4. Retira de la nevera y forma tus bolitas con tus manos húmedas, coloca sobre una bandeja engrasada y lleva al horno, previamente precalentado, durante 10 a 15 minutos.
5. Retira, deja enfriar y disfruta.

Tips:
★ Agrega 1 a 2 cucharadas de miel. Esto le dará más crocancia.
★ Si no deseas que sientan los vegetales, dale unos ligeros toques en la licuadora junto con el aceite.
★ Recuerden rallar el calabacín sin llegar a sus semillas.
★ Si lo deseas, agrega solo un vegetal.

Galletas de zanahoria y mango sin huevos

Ingredientes:
- 1 taza de zanahoria rallada
- ⅓ de taza de puré de mango
- 1 cucharadita de polvo de hornear
- 1 y ¼ taza de Mix de harinas
- 2 cucharadas de aceite de coco
- Endulzante al gusto
- Pizca de sal para realzar sabores
- Pizca de nuez moscada
- Canela, sarrapia o vainilla en vara

Preparación:
1. Coloca todos los ingredientes en un bowl y mezcla bien. Si está muy seco agrega 2 cucharadas de agua, del jugo del mango o de leche vegetal.
2. Lleva la mezcla a la nevera por unos 10 a 15 minutos.
3. Saca de la nevera, forma bolitas y sobre papel parafinado aplasta un poco.
4. Puedes agregar para decorar gotas de chocolate bytter, almendras, maní o lo que desees.
5. Lleva al horno precalentado previamente a 180° C y hornea de 15 a 20 minutos.
6. Retira y deja enfriar.
7. Disfrútalas, quedan crocantes por fuera y un poco suaves por dentro.

Galletas de limón

Ingredientes para las galletas:
- 1 taza de Mix de harinas
- ½ taza de harina de merey, almendras o coco deshidratado
- 1 y ½ cucharadita de polvo para hornear
- ⅛ de taza de aceite de coco
- 8 cucharadas de miel de agave
- 4 cucharadas de jugo de limón
- Ralladura de 1 o 2 limones
- Una pizca de sal

Ingredientes para el glaseado:
- ½ taza de merey remojado
- 5 cucharadas de agave
- 3 cucharadas de jugo de limón

Preparación de las galletas:
1. Combina en un bowl los 3 primeros ingredientes y reserva.
2. En otro bowl mezcla el agave , aceite de coco, jugo y ralladura de limón y la sal.
3. Combina las dos preparaciones, hasta obtener una masa suave y uniforme.
4. Coloca la masa en el refrigerador por 10 minutos.
5. Ahora forma tus galletas, de la forma de tú preferencia.

6. Lleva a una bandeja forrada con papel para hornear y luego a un horno precalentado a 180° C, por aproximadamente 10 minutos. Deja enfriar tus galletas.
7. Luego baña las galletas con el glaseado de limón y disfruta

Preparación del glaseado:
★ Para el glaseado coloca todos los ingredientes en la licuadora, hasta obtener una mezcla homogénea.

Galletas de chocolate y nueces

Ingredientes:
- 1 taza de harina de arroz (puedes usar arroz integral o una combinación de integral y blanco)
- ⅓ de taza de almidón de maíz, de papa o arrowroot
- 1 cucharadita de polvo para hornear
- ¼ de cucharadita de bicarbonato
- ½ cucharadita de goma xanthan
- ⅓ de taza de aceite de coco frio
- ½ taza de endulzante de su preferencia
- 1 huevo
- Una pizca de sal
- ½ taza de gotas de chocolate
- ½ taza de nueces picaditas
- Agua, si es necesario

Preparación:
1. Coloca los 5 primeros ingredientes en un envase y mezcla muy bien.
2. Luego, en otro envase, mezcla el resto con ayuda de la batidora.
3. Une las dos preparaciones y amasa hasta obtener una masa uniforme.
4. Agrega el chocolate, las nueces y amasa hasta integrar.
5. Lleva la mezcla al refrigerador de 5 a 10 minutos. Si al sacarla de la nevera está muy dura, agregar un poco de agua y amasar un poco.
6. Luego arma las galletas y colócalas en una bandeja, de allí al horno por aproximadamente 15 minutos.
7. Sacar, dejar enfriar y disfrutar.

Galletas de remolacha

Ingredientes:
- ½ taza de remolacha cocida
- ⅓ de taza de miel de agave
- 1 taza o un poco más de Mix de harinas
- 1 cucharadita de polvo para hornear
- 2 cucharadas de manteca o mantequilla clarificada
- Gotas o trocitos de chocolate

Preparación:
1. Mezcla la harina con el polvo para hornear y reserva.

2. Coloca el resto de los ingredientes en un procesador y procesa hasta obtener una mezcla homogénea.
3. Retira la mezcla del procesador y colócala en un bowl.
4. Incorpora la mezcla de harinas y amasa hasta obtener una masa suave y no pegajosa, si es necesario agrega un poco más de mix de harinas.
5. Forma tus galletas haciendo pequeñas bolitas y aplánalas en una bandeja engrasada.
6. Coloca las gotas o trocitos de chocolate a las galletas y lleva al horno precalentado, a 180º C por 12 a 15 minutos.
7. Saca del horno, deja enfriar en una rejilla y disfruta.

Galletas de jengibre

Ingredientes:
- ¼ de taza de mantequilla clarificada o manteca vegetal
- ¼ de taza de miel de papelón, miel de agave o de abejas
- 1 taza de Mix de harinas
- 1 cucharadita de polvo de hornear
- 2 cucharadas de harina de garbanzos
- Una pizca de bicarbonato
- 1 pizca de sal
- Agua, si es necesario para amasar
- ½ cucharadita de jengibre seco molido
- Una pizca de clavo de olor molido
- Una pizca de canela molida

Preparación:
1. Mezclar los ingredientes secos y batir el azúcar con la mantequilla o manteca.
2. Unir las 2 mezclas y amasar, agregar agua si es necesario hasta obtener una masa uniforme.
3. Dejar reposar la masa 15 minutos en la nevera, luego amasar bien, estirar y cortar las galletas.
4. Hornear de 10 a 15 minutos o hasta que estén doradas.

Delicia choco-caraotas sin harinas

Ingredientes:
- 1 y ½ taza de caraotas cocidas (negras o rojas)
- ½ taza de aceite
- 3 huevos
- 3 cucharadas de cacao
- Pizca de bicarbonato
- Pizca de sal marina
- Endulzante al gusto
- Canela, gotas bytter, maní, almendras, sarrapia o vainilla en vara
- 1 cucharadita de polvo de hornear
- Ralladura de naranja, mandarina o limón (opcional)

Preparación:
1. Licuar los huevos hasta verlos espumosos.
2. Agregar los ingredientes, dejando de último caraotas y cacao.
3. Colocar en los moldes que escojan y hornear a 200° C, hasta que al introducir el palillo el mismo salga seco.
4. Desmoldar, dejar enfriar y disfrutar.

Tips:
★ Puedes hacerlo como torta o ponquesitos.

Rosquitas

Ingredientes:
- Harina de maíz
- Proteína: acá puedes jugar entre incorporar pollo o legumbres cocidas
- 1 cucharadita de chía blanca no activada (opcional)
- 1 cucharada de aceite
- Pizca de sal
- Agua

Preparación:
1. La cantidad de ingredientes dependerá de la cantidad de rosquitas que deseen hacer. Cómo si fuesen hacer arepas, pero daremos otro toque y otra presentación.
2. Entonces tomamos el agua con la vayan a amasar la harina y la colocamos en la licuadora.
3. Agregamos la proteína y el vegetal y licuamos.
4. Colocamos la mezcla en un bowl, agregamos el aceite y sal al gusto, e incorporamos la chia.
5. Comenzamos a agregar la harina de maíz, hasta formar nuestra masa moldeable.
6. Entre dos plásticos formamos pequeñas bolitas, presionamos un poco y abrimos un huequito en el medio. Es tan sencillo como hacer tus mini arepas con el huequito.
7. Freímos o asamos.

Rosquitas de ocumo chino

Ingredientes:
- 1 taza de ocumo chino (cocido al dente la noche anterior, rallar al día siguiente por el lado fino)
- ½ taza de almidón de yuca
- 2 cucharadas de aceite
- Sal, orégano y curcuma al gusto

Preparación:
1. Mezclar todos los ingredientes y amasar humedeciendo las manos.
2. Estirar en papel plástico y hacer las rosquitas con las manos o con molde cortador para donas.
3. Llevar al horno o freír.

Arañitas de plátano

Ingredientes:
- 2 plátanos verdes o pintones (crudos)
- 2 cucharadas de aceite
- 1 diente de ajo rallado
- Sal marina y especias al gusto (usé orégano y curcuma)
- Aceite para freír

Preparación:
1. Pelar los plátanos.
2. Rallar por el lado grueso del rallador.
3. Agregar ajo, sal, especias y aceite. Mezclar.
4. Calentar la sartén con el aceite.
5. Toma porciones con una cuchara y colócalo en tus manos. Aplasta un poco para compactar y llévalas a freír.
6. Retirar y colocar sobre papel absorbente.
7. Servir con lo que desees, como acompañante o merienda.

Tips:
- ★ Agregar zanahoria rallada cruda.

Cupcakes de arándanos

Ingredientes:
- 1 taza de Mix de harinas o harina de almendras
- ½ taza de coco rallado
- 1 huevo
- 4 cucharadas de aceite de coco
- ¼ de taza de leche vegetal
- ½ taza de endulzante
- 1 cucharadita de polvo de hornear
- Pizca de sal
- Vainilla en vara o sarrapia
- Arándanos al gusto

Preparación:
1. Mezclar en un bowl la harina, el coco y el polvo de hornear.
2. En otro bowl mezclamos endulzante, aceite y huevo. Luego le agregamos leche, vainilla y pizca de sal.
3. Unir las dos preparaciones hasta integrar.
4. Agregar los arándanos y colocar en moldes para muffins.
5. Hornear a 180° C por 20 minutos aproximadamente (dependerá de tu horno).
6. Retira del horno. Deja enfriar y disfruta.

Tips:
- ★ Agregar otra fruta, como manzana picadita en trocitos pequeños o fresas.
- ★ También puedes hacerlos sin fruta alguna.

Cupcakes choco veganos

Ingredientes:
- 1 y ¼ de taza (170 gramos) de Mix de harinas
- ½ taza (50 gramos) de cacao en polvo
- 1 cucharadita (5 gramos) de polvo para hornear
- ¼ de cucharadita de bicarbonato de sodio
- 1 taza (170 gramos) de endulzante
- 1 taza de leche de coco
- ⅓ de taza (40 gramos) de aceite vegetal
- ¼ de cucharadita de sal
- 1 cucharadita (5 mililitros) de vinagre de manzana

Preparación:
1. Une en un bowl la mezcla de harina, cacao, bicarbonato y el polvo para hornear, reserva.
2. En otro bowl mezcla el resto de los ingredientes con ayuda de una batidora.
3. Incorpora la mezcla de harina y cacao y sigue batiendo con la batidora, hasta que esté bien integrado. No se debe batir demasiado, solo hasta integrar bien.
4. Coloca la mezcla en un molde para cupcakes, con sus respectivos capacillos.
5. Lleva a un horno precalentado a 160° C por 15 minutos, o hasta que al insertar un palillo salga seco.

Gelatina de maracuya/parchita

Ingredientes:
- 2 a 3 parchitas (dependiendo del tamaño)
- 3 cucharadas de endulzante
- 2 sobres de gelatina sin sabor
- 2 tazas de agua

Preparación:
1. Licuar la pulpa de la parchita sin añadir agua, colar y reservar.
2. Colocar en una ollita 1 y ½ taza de agua más el zumo de parchita, los 2 sobres de gelatina y el endulzante. Mezclar muy bien para disolver la gelatina y el endulzante.
3. Llevar a fuego y al romper en hervor, bajar y seguir mezclando por unos minutos más.
4. Apagar y agregar la ½ taza restante de agua a temperatura ambiente.
5. Colocar en molde y refrigerar durante varias horas o durante la noche.

Tips:
★ Puedes usar láminas de gelatina sin sabor si lo deseas.
★ Cada sobre de gelatina contenía 9 gramos.
★ Puedes hacerla en un solo molde o emplear vasitos.
★ Puedes sustituir la parchita/maracuyá por otra fruta.
★ El dulzor depende de tu paladar.

Gomitas o gelatina de lulo

Ingredientes:
- 3 lulos
- Endulzante al gusto
- 2 tazas de agua
- 3 a 4 cucharadas de gelatina sin sabor

Preparación
1. Licuar los lulos (sin piel) con 1 taza de agua y colar.
2. Luego colocan lo colado en una ollita con el endulzante.
3. Agregar las cucharadas de gelatina sin sabor y llevar a fuego medio, hasta que se disuelva y rompa en hervor. Luego la apagan.
4. Agregan la otra taza de agua a temperatura ambiente y colocan el líquido en moldes escogidos.
5. La llevan a la nevera hasta que compacte y listo.

Tips
★ Si no tienes moldes para gomitas, haz la gelatina, coloca en el molde refractario cuadrado y lleva al refrigerador. Al día siguiente pica en cuadritos pequeños y listooo. Los moldes de silicona son ideales.
★ Las puedes pasar por el endulzante.

Papas horneadas

Ingredientes:
- Papas medianas o grandes (cantidad y tamaño a elección)
- Aceite
- Especias al gusto: ajo molido, paprika, orégano, pimienta molida, cebolla molida y tomillo seco
- 1 diente de ajo rallado
- Sal marina
- Perejil, tomillo o cilantro para servir

Preparación:
1. Horno precalentado a 180° C.
2. Lavar y secar las papas con piel.
3. Mezclar el aceite, especias y sal.
4. Rebanar las papas, sin llegar al final de las mismas (tipo acordeón), puedes ayudarte de un palillo, atravesando la papa hasta el punto dónde deseas llegar.
5. Coloca las papas en el molde en el cual las vayas a llevar al horno, y báñalas con la mezcla del aceite y especias.
6. Masajea un poco con tus manos o con ayuda de un utensilio, barnizarlas.
7. Lleva a hornear hasta que sientas que ya están en su punto.
8. Coloca al servir perejil, cilantro o tomillo seco. Disfruta.

Pudin de plátano

Ingredientes:
- 1 huevo
- 1 plátano amarillo previamente cocido
- Endulzante al gusto
- Vainilla o sarrapia
- 1 taza de leche o cualquier jugo (con jugo de parchita queda divino)
- 4 cucharadas de maizena
- Molde con caramelo

Preparación:
1. Licuar todos los ingredientes.
2. Colocar el licuado en el molde con caramelo.
3. Cocinar a baño de maría por aproximadamente 1 hora.
4. Dejar reposar y desmoldar.

Tips:
★ Puedes agregar coco rallado o pasas, si lo deseas.
★ Puedes sustituir la maicena por harina de arroz.
★ Puedes agregar miel al molde para el caramelo o hacerlo sin caramelo y agregar miel al servir.

Tartaletas gluten free

Ingredientes:
- 1 y ½ taza de Mix de harinas o harina de arroz
- 3 cucharadas de aceite de coco
- Vainilla, canela, sarrapia, ralladura de limón, ralladura de naranja o ralladura de mandarina
- 1 cucharadita de polvo de hornear
- 2 cucharadas de endulzante
- 1 huevo
- Relleno de tu preferencia

Preparación:
1. En un bowl cernir y mezclar la harina y polvo para hornear. Reservar.
2. En otro bowl colocar y mezclar el huevo, aceite, endulzante, la especia y la ralladura de cítrico que escojas.
3. Unir y amasar hasta lograr una masa que no se pegue en tus manos.
4. Refrigerar durante 10 minutos, envuelta en papel.
5. Retirar pasados los 10 minutos la masa de la nevera y armar tus tartaletas.
6. Precalentar el horno a 180° C.
7. Puedes usar moldes para tartaletas o para cupcakes. Colocando porciones y expandiendo tipo cestas.
8. Saca la forma entre 2 plásticos o con papel parafinado.
9. Llevar al horno hasta dorar. Retirar.
10. Dejar enfriar y agregar la mermelada o relleno que escojas.

Tips:

★ Si al hacer la masa sientes que necesitas humedad puedes agregar, por cucharadas: jugo de algún cítrico, leche vegana o miel.

★ Utilice poco endulzante en la masa, puesto que la mermelada es dulce.

Tartaletas de plátano

Ingredientes:

- 2 plátanos pintones
- Toque de sal
- Toque de zumo de limón
- 2 cucharaditas de linaza molida
- Aceite, sal y orégano
- Huevo (opcional)
- Relleno de preferencia

Preparación:

1. Tomar los dos plátanos pintones y ponerlos a cocer al dente con un toque de sal y de zumo de limón.
2. Rallar por el lado fino del rallador.
3. Agregar las 2 cucharaditas de linaza molida, aceite, sal y orégano.
4. Amasar. Humedecer las manos y formar las cestas-tartaletas.
5. Barnizar con huevo si lo desean.
6. Llevar al horno hasta dorar.
7. Retirar y colocar el relleno de su preferencia.

Tartaleta de guayaba

Ingredientes:

- 1 taza de Mix de harinas
- ¼ de taza de agave granulado
- 3 cucharadas de manteca vegetal, ghee o aceite de coco
- 1 huevo
- Una pizca de sal
- Mermelada de guayaba

Preparación:

1. Mezcla la harina, agave y sal en un bowl; con la batidora eléctrica o en un procesador de alimentos
2. Añade la manteca y luego el huevo, bate un poco hasta lograr una masa que se despegue del bowl.
3. Amasar con un poco de harina y extenderla sobre el papel para hornear engrasado, con ayuda de un rodillo.
4. Colócala sobre el molde para pie o tartaleta (esta masa da para un molde pequeño).
5. Pincha el fondo con un tenedor, para evitar que se hagan burbujas en la masa.
6. Vierte un poco de mermelada sobre la masa, a tu gusto la cantidad.
7. Colocar tiras de masa arriba, para decorarlo.

8. Hornea por 30 minutos en un horno precalentado a 160° C, hasta que esté dorado en el borde y la superficie.
9. ¡Espera que se enfríe por completo para picarla y disfrutarla!

Tartaleta de mango y coco

Ingredientes para la base:
- 2 tazas de restos de coco
- 1 taza de harina de arroz
- Una pizca de sal
- 2 cucharadas de agave
- ½ taza de leche de coco
- ¼ de taza de mantequilla de coco

Ingredientes para el relleno:
- 1 y ½ taza de mango maduro picado
- 2 y ½ tazas de leche de coco
- 1 cucharada de arrowroot
- 4 cucharaditas de agar agar
- ¼ de taza de endulzante en polvo

Preparación de la base:
1. Mezcla todos los ingredientes en un envase y amasa hasta obtener una masa suave y consistente.
2. Cubre un molde para tartaleta con la masa, trata de que no quede tan gruesa.
3. Coloca la bandeja en el horno precalentado a 180° C, de 10 a 15 minutos o hasta que los bordes estén dorados.
4. Deja enfriar y reserva.

Preparación del relleno:
1. Licua el mango con la leche de coco.
2. Pasa por un colador la preparación anterior.
3. Coloca la preparación en una olla, incorpora el sagú y el agar agar. Mezcla muy bien.
4. Lleva al fuego y cocina, revolviendo constantemente hasta que empiece a hervir; a partir de allí cocina por 3 o 4 minutos más. Todo esto a temperatura media.
5. Una vez transcurrido el tiempo, retira del fuego y vacía la mezcla en la base de la tartaleta.
6. Deja enfriar en la nevera al menos por 2 horas y decora a tu gusto.

Mermelada de fresas

Ingredientes:
- 1 kilo de fresas limpias
- Endulzante al gusto
- Zumo de ½ limón (no colocarlo todo)

Preparación:

1. Colocar en una olla todos los ingredientes (sin agua), dejarlos reposar por 45 minutos.
2. Llevar a cocción a fuego alto y bajarlo (a fuego bajo) apenas rompa en hervor.
3. Mover constantemente durante ½ hora aproximadamente, buscando la consistencia deseada.
4. Dejar enfriar y colocar en envase de vidrio, previamente esterilizado, para refrigerar.

Tips:
★ Si a sus peques les disgusta las pepitas, pueden colocar a cocción unos 10 minutos, apagan, dejan enfriar, procesan y cuelan. Luego de colar, vuelven a llevar a cocción a fuego mínimo, sin dejar de remover hasta que obtengan la consistencia deseada.

Cesta de galleta para helado

Ingredientes:
- 1 taza de Mix de harinas
- ½ taza de azúcar de coco
- ½ taza de agua
- 2 cucharadas de aceite de coco o manteca vegetal
- Una pizca de sal
- Vainilla natural al gusto

Preparación:
1. Coloca todos los ingredientes en un bowl y bate muy bien, hasta obtener una mezcla uniforme.
2. En una bandeja a la que le has puesto una manta de silicón (puedes probar con papel para hornear), coloca 2 cucharadas de la mezcla y con paciencia y mucho cuidado extiende la mezcla lo más delgada posible, dándole forma circular. Puedes ayudarte colocando una bolsita plástica untada con aceite encima de la mezcla y por encima pasas una cuchara.
3. Lleva la bandeja al horno precalentado a 180° C y cocina por 6 u 8 minutos, o hasta que los bordes empiecen a verse ligeramente dorados.
4. Saca tu bandeja del horno y con mucho cuidado toma la galleta y dale la forma deseada. Por ejemplo, para las cestas me ayudo con la parte trasera de un vaso, coloco la galleta y luego ejerzo un poco de presión con ayuda de una toalla por algunos segundos y listo mi cesta de galleta para helados.
5. Este paso debe hacerse de la forma más rápida posible, sino se endurece y no podrás darle forma.

Tips:
★ Puedes usar azúcar morena o blanca.

Postrecito con leche de coco

Ingredientes:
- 2 tazas de leche de coco
- Endulzante al gusto

- 4 cucharadas de almidón de maíz/maizina (puedes sustituir por sagu, zulu, arrowroot o almidón de yuca)
- Vainilla, canela o sarrapia
- Cáscara de limón

Preparación:
1. Colocar a hervir la leche con el endulzante, cáscara de limón y la vainilla, canela o sarrapia.
2. Aparte, disolver la maizena en un poco de leche fría y agregarla a la preparación anterior. Revolviendo rápidamente con cuchara de madera para que no se formen grumos.
3. Dejar hervir unos 5 minutos más, sin dejar de mover. Cuando adquiere consistencia cremosa está listo.
4. Colocar en flaneras y llevar a la nevera durante la noche.

Tips:
★ Al momento de hacer la leche de coco, no colar para que se sienta los restos de coco.
★ Si lo desean hacer con chocolate, sustituyen 1 cucharada de almidón por cacao.

Bagels sin gluten

Ingredientes:
- 3 y ½ tazas de Mix de harinas
- 1 y ¾ tazas de leche o agua
- 2 y ½ cucharaditas de levadura
- 2 y ½ cucharaditas de xanthan
- 2 cucharadas de aceite de girasol
- 1 cucharadita de sal. más un poco si quieres espolvorear la superficie
- También puedes colocarles ajonjolí, chía, etcétera
- 2 cucharadas de agave

Preparación:
1. En un bowl mezclar la harina, la goma y la levadura.
2. En un tazón grande combine el líquido, el aceite, el agave y la sal.
3. Poco a poco, combinar las mezclas anteriores, a mano. Mezclar hasta que todo esté incorporado y suave.
4. Arma los bagels haciendo una bolita con un agujero en el medio y colócalos encima de una bolsa plástica engrasada.
5. Cúbrelos con otro plástico engrasado y deja leudar en un lugar cálido, durante unos 20 minutos (no permitas que doblen su tamaño o perderán su forma).
6. Llevar una olla grande con agua hirviendo y un chorrito de agave.
7. Deje caer suavemente un máximo de 2 bagels en el agua y deja que se cocine por solo 30 segundos por cada lado, no más.
8. Retiralos y colocalos en la bandeja para hornear.
9. Hornee a 200° C durante 14 a 16 minutos o hasta que estén dorados.
10. Acompañalos con lo que desees, puedes rellenarlos con crema y frutas para un dulce postre o con carne y vegetales para una cena inolvidable.

Biscotti de chocolate

Ingredientes:
- 1 y ¾ de taza de Mix de harinas
- 2 cucharaditas de polvo para hornear
- ½ taza de cacao en polvo
- ¼ de cucharadita de sal marina
- ¾ de taza de miel de papelón o agave
- ⅓ de taza de aceite
- 2 cucharadas de linaza molida
- ¼ de taza de agua
- ½ cucharadita de pumpkin pie specie
- Ralladura de naranja o limón (opcional)
- Almendras al gusto

Preparación:
1. Mezcla todos los ingredientes secos en un bowl y los líquidos en otro.
2. Combina las dos preparaciones y amasa hasta obtener una masa suave algo pegajosa, no seca y dura. Si llega a estar dura, añade una o 2 cucharadas de agua.
3. Divide la masa en dos partes. Arma dos "especies" de barra de pan, de 30 centímetros de largo, 2 o 3 centímetros de alto y un ancho de al menos 7 centímetros, aproximadamente.
4. Acomoda cuidadosamente las "barras" en la bandeja de horno (previamente cubierta con papel de hornear o con mantequilla y harina).
5. Ahora introduce la bandeja en un horno precalentado a 180° C y hornea por 15 minutos.
6. Saca del horno y deja reposar por no más de 5 minutos y con mucho cuidado, en la misma bandeja aún caliente, corta diagonalmente en pedacitos de 1 a 1,5 centímetros.
7. Lleva la bandeja nuevamente al horno al que se le ha bajado la temperatura a 130° C.
8. Déjalos allí por 10 minutos, luego dale vueltas y deja 10 minutos más. Puedes hacer este procedimiento por al menos una vez más y listo.
9. Saca del horno, deja enfriar y disfruta con lo que desees.

Ponqué con sirope de chocolate

Ingredientes para el ponqué:
- 1 y ½ taza de harina de plátano o arroz
- 2 cucharaditas de polvo de hornear
- ¼ de taza de aceite
- 2 huevos
- ¼ de taza de endulzante
- ¾ de taza de agua
- ½ taza de zanahoria cruda rallada

Ingredientes para el sirope:
- 2 cucharadas de cacao en polvo

- ½ taza de agua
- 1 cucharada de almidón de yuca

Preparación del ponqué:
1. Coloca los huevos en un recipiente y mezcla muy bien.
2. Agrega el aceite y el endulzante.
3. Incorpora la harina con el polvo de hornear a la mezcla (si usas harina de plátano, debes cernir en un colador antes, para que te quede muy fina).
4. Batir todo muy bien, agregando el agua gradualmente.
5. Finalmente, incorpora la zanahoria a la preparación.
6. Engrasa un molde y coloca la mezcla, lleva al horno precalentado a 180° C por 35 minutos aproximadamente.

Preparación para el sirope:
1. Coloca en un recipiente los ingredientes y mezcla.
2. Lleva a fuego lento, sin dejar de remover hasta que espese.
3. Agrega al ponqué.

Suspiros sin azúcar

Ingredientes:
- 2 claras de huevo
- 200 gramos de xilitol o endulzante
- Pizca de sal
- 1 cucharadita de almidón de maíz
- Una pizca de cremor tártaro

Preparación:
1. Coloca el xilitol en el molinillo de café o en una licuadora, hasta pulverizar completamente.
2. Precaliente el horno de 80 a 85° C.
3. Prepara una bandeja para hornear con papel para horno.
4. En un bowl batir las claras y la sal, hasta que queden espumosas. Continúa batiendo hasta que se formen picos suaves.
5. Agregue poco a poco el xilitol y continúe batiendo durante aproximadamente 5 minutos.
6. Finalmente añade la cucharadita de maizena y bate un poco más.
7. Coloca el merengue en una bolsa de repostería, con una boquilla tipo estrella, forma los suspiros de tamaño pequeño.
8. Hornea durante unas 2 horas en el horno precalentado. Una vez cocido, apaga el fuego y deja que se enfríen en el horno, con la puerta abierta, durante la noche.
9. Al día siguiente, revisar si están firmes y crujientes. Si no lo están, déjalos reposar por un poco más de tiempo.
10. En ocasiones los he tenido que dejar hasta 24 horas para que se pongan duros.
11. Una vez firmes retira de la bandeja y guárdalos en un recipiente hermético.

Tips:

★ Si el horno está muy caliente, los suspiros se volverán de color marrón, trata de no exceder los 90 grados.

★ Las gotitas que se le ven a los suspiros son producto de una especie de condensación del xilitol en la superficie, quedan como chispas de caramelo (en algunos casos sucede y en otros no).

A derezos, salsas, untables y cremas

Mayonesa o aderezo de Calabacín

Ingredientes:
- ½ calabacín crudo/zucchini
- 1 cucharadita de mostaza
- 2 cucharadas de cebolla o cebollín picado
- 1 diente de ajo
- Pizca de sal
- Zumo de limón
- 1 cucharada de aceite

Preparación:
1. Colocar todos los ingredientes en la licuadora o procesador.
2. Refrigerar en envase de vidrio, previamente esterilizado.

Mayonesa/aderezo de almendras

Ingredientes:
- ½ taza de almendras sin piel, remojadas mínimo 8 horas
- 1 taza de aceite
- ¼ de taza de agua
- 1 diente de ajo
- 1 cucharadita de sal marina (un poco más si es necesario)
- 1 cucharada de levadura nutricional
- 1 cucharadita de vinagre de manzana o jugo de ½ limón

Preparación:
1. Colocar las almendras sin piel en la licuadora o procesador, con agua y poco a poco incorporar la mitad del aceite.
2. Agrega los demás ingredientes y sigue licuado, ahora agrega lentamente la otra parte del aceite en forma de hilo hasta integrar.
3. Rectifica el sabor y guarda en envase de vidrio, previamente esterilizado.

Mayonesa vegana

Ingredientes:
- 1 taza de agua de la cocción de garbanzos
- ½ taza o un poco más de aceite de girasol
- ½ cucharada de vinagre de manzana o de zumo de limón
- 1 cucharadita de mostaza casera
- Sal al gusto

Preparación:
1. Coloca el agua de garbanzos en una olla y lleva a la cocina, cocina hasta que se reduzca a aproximadamente ¼ de taza. La reducción tendrá consistencia de una clara de huevo un poco oscura.

2. Deja enfriar la reducción del agua de garbanzos y coloca en el vaso de la licuadora junto al vinagre o limón, mostaza y sal.
3. Empieza a licuar a velocidad media, hasta que se vuelva espumosa. En ese momento, añade el aceite poco a poco y continúa licuando hasta que se monte la mayonesa y ya no necesite más aceite.

Mostaza casera

Ingredientes:
- ¼ taza de mostaza en granos (semillas de mostaza), remojadas durante la noche
- 2 tazas agua
- ⅓ de taza de vinagre de manzana
- 3 cucharadas de miel de agave
- Sal y especias al gusto (canela, pimienta, cebolla deshidratada, ajo, romero, cúrcuma (necesaria para que quede amarilla), ají amarillo en polvo, etcétera)

Preparación:
1. Lavar muy bien la mostaza remojada y reservar.
2. En una olla coloca las 2 tazas de agua hasta que hierva, añade las semillas de mostaza y las especias seleccionadas.
3. Deja cocinar a fuego bajo por 10 minutos aproximadamente.
4. Retira la olla de la cocina y deja reposar durante 20 minutos.
5. Pasado el tiempo, llevar a la licuadora, añadir el vinagre, el agave y sal al gusto, procesar hasta obtener una mezcla suave y homogénea. Si está muy espesa añade un poco de agua y si está muy líquida añade un poco de goma guar.
6. Rectificar sabores y listo.

Tips:
- ★ Si la sientes muy fuerte, agrega un poco más de agua hasta que sea de tu agrado.
- ★ Para espesar usa un poco más de goma guar.
- ★ Esta receta puede durar refrigerada hasta 1 mes y rinde como para 300 a 400 cc de mostaza.

Guacamole

Ingredientes:
- ½ aguacate
- 1 cucharadita de mostaza
- 2 cucharadas de cebolla o cebollín picado
- 1 diente de ajo
- Pizca de sal
- Zumo de limón
- 1 cucharada de aceite
- ¼ de pimentón
- 1 rama de cilantro o perejil picado
- 1 ají dulce

Preparación:
1. Colocar todos los ingredientes en la licuadora o procesador.
2. Refrigerar en envase de vidrio previamente esterilizado.

Crema de berenjena y batata

Ingredientes:
- 1 berenjena grande
- 2 batatas
- Sal y ramas al gusto
- Cubito de Caldo de huesos
- 1 cucharada de aceite de oliva o del que uses
- Cebollín/ciboulette o ¼ de cebolla
- Sal marina al gusto

Preparación:
1. Colocamos una olla con agua a hervir.
2. Picamos la berenjena en trozos grandes y la agregamos en el agua con una pizca de sal, hasta que esté blanda. Aproximadamente 20 minutos.
3. Una vez lista, retirar la pulpa con ayuda de un tenedor y reservar.
4. En otra ollita, agregamos el aceite y cebollín o cebolla y rehogamos rápidamente.
5. Agregamos la batata previamente limpiada y retiramos su piel.
6. Agregamos 1 y ½ litros de agua y agregamos el cubito de caldo de huesos. Agregar sal y dejar cocinar hasta ablandar. Dejar reposar un poco.
7. Colocamos en la licuadora la batata, la pulpa de la berenjena y parte del líquido de la cocción. Se agrega poco a poco hasta lograr la cremosidad deseada.
8. Lista para servir y disfrutar.

Tips:
★ Puedes agregar más ramas, como celery o cilantro.
★ Al servir puedes agregar otro toque de aceite de oliva. Así como ajonjolí activado y tostado o nueces, almendras, etcétera.

Cheez whiz vegano

Ingredientes:
- ½ taza de merey natural sin sal y sin tostar
- 1 taza de agua mineral o hervida
- ½ taza de puré de auyama
- 2 cucharadas de aceite pintado con onoto
- 1 cucharadita de sal
- 1 pizca de cebolla deshidratada
- ½ cucharadita de vinagre de manzana

Preparación:
1. Remoja el merey con el agua en un recipiente de vidrio, mínimo por 24 horas y a temperatura ambiente.
2. Llévalo a la licuadora con el agua del remojo.

3. Agrega el resto de los ingredientes y procesa.
4. Coloca la preparación en una olla, llévala a fuego medio-bajo y cocina revolviendo constantemente, hasta que hierva.
5. Deja hervir por 3 minutos y apaga el fuego.
6. Deja reposar, envasa y refrigera.

Tips:
★ Dura al menos 15 días.
★ Si no tienes cebolla deshidratada usa cebolla normal y agrega ¼ de cucharadita de paprika.

Natilla saludable

Ingredientes:
- 2 tazas de leche
- 3 cucharadas de Sagu
- Endulzante al gusto
- Vaina de vainilla, ralladura de limón o naranja (opcional)
- 2 cucharadas de mantequilla de coco

Preparación:
1. Licuamos o mezclamos el sagu con la leche.
2. Agregamos endulzante, vainilla y llevamos a cocción.
3. Al romper en hervor bajamos el fuego y seguimos mezclamos de unos 3 a 5 minutos.
4. Apagamos y agregamos inmediatamente la mantequilla de coco y mezclamos.
5. Colocamos en los frascos o vasitos.
6. Llevamos a la nevera (yo la dejo toda la noche) y listo.

Tips:
★ Puedes usar leche de coco y dejar la fibra.
★ Puedes sustituir el Sagu por Agar Agar.

Crema de batata/camote/zucchini, rábano y pollo

Ingredientes:
- 1 zucchini grande
- 1 batata mediana
- 1 rábano pequeño
- Caldo de huesos o 1 y ½ litros de agua y adicionamos cubitos de Caldo de huesos
- 1 cucharada de aceite de oliva o del que uses
- Cebollín/ciboulette o ¼ de cebolla
- Puedes añadir otras ramas verdes como celery y cilantro, durante la cocción.
- Pechuga de pollo
- Sal marina al gusto

Preparación:
1. Cocinar la pechuga de pollo.

2. En otra ollita agregamos el aceite, cebollín o cebolla y rehogamos rápidamente.
3. Agregamos la batata previamente limpiada y retiramos su piel.
4. Adicionamos el calabacín/zucchini y rábano, lavados y picados.
5. Agregamos el 1 y ½ litro de agua o caldo de huesos de pollo, así como el cubito de caldo de huesos y las ramas verdes.
6. Agregar sal y dejar cocinar hasta ablandar. Antes de culminar la cocción, agregamos la proteína y dejamos reposar un poco.
7. Colocamos en la licuadora los vegetales con el pollo y parte del líquido de la cocción. Se agrega poco a poco hasta lograr la cremosidad deseada.
8. Y ya está lista para servir y disfrutar.

Tips:
★ Puedes agregar otro toque de aceite de oliva al servir.
★ O Agregar ajonjolí activado, tostado, nueces o almendras.

Salsa bechamel

Ingredientes:
- ½ litro de leche
- 3 cucharadas de maizena, sagú o almidón de yuca
- 3 cucharadas de aceite
- Nuez moscada
- Sal al gusto
- Pizca de pimienta (opcional)
- Cebolla o cebollín/ciboulette picadito

Preparación:
1. Tamizar la harina con un colador, para que no se produzcan grumos.
2. Colocar la cebolla o el cebollino a sofreír con el aceite.
3. Agregar la harina al sofrito y mezclar hasta que se formen pequeñas masas. Este paso es importante, porque si la harina queda cruda la salsa sabrá mucho a harina y no es lo que queremos.
4. Agregamos la leche (sugiero calentarla un poco, sin dejarla hervir).
5. Agregar la sal y demás ingredientes.
6. Mezclar, moviendo constantemente, hasta lograr una consistencia homogénea y sin grumos.

Tips:
★ Controla la temperatura al mínimo.
★ Si te quedan algunos grumos, puedes arreglarla con un toque de batidora y quedará perfecta.

Crema de Lentejas

Ingredientes:
- 1 taza de lentejas previamente cocidas
- 1 papa grande

- 1 calabacín
- ½ cebolla
- 1 puerro (parte blanca)
- Caldo de huesos o 1 litro de agua
- 1 cucharada de aceite de oliva
- Sal marina al gusto

Preparación:
1. Coloca el aceite en una olla y sofríe la cebolla y el puerro picaditos.
2. Añade la papa y el calabacín lavados, pelados y cortados en cuadros.
3. Añade el caldo de huesos o agua hasta cubrirlo (1 litro aproximadamente)
4. Incorpora la sal y espera que ablande la papa.
5. Casi finalizando la cocción agrega las lentejas.
6. Apaga, deja enfriar un poco y licúa, poco a poco, para que la crema quede con la consistencia deseada.
7. Sirve y disfruta.

Crema de Espárragos

Ingredientes:
- 500 gramos de espárragos verdes (para 4 personas)
- 2 arracachas/apios (sustituibles por papas o batatas/camotes)
- 1 y ½ litros de Caldo de huesos o agua y agregamos nuestro cubito de caldo
- 1/2 cebolla o cebollín/ciboulette
- 1 calabacín pequeño (opcional)
- 2 cucharadas de aceite de oliva
- Cilantro y celery al gusto
- Sal marina al gusto

Preparación:
1. Cortamos las bases de los espárragos (la parte más dura) y las descartamos. El resto lo cortamos en trozos, reservando algunas puntas para decorar.
2. Picamos la cebolla y pelamos.
3. Picamos la arracacha o papas, en trozos no muy grandes.
4. En una olla colocamos agua a hervir y agregamos los espárragos y pizca de sal, los dejamos solo 3 minutos. Así mantendremos el color verde y las vitaminas. Sacamos y colocamos en un bowl con hielo y agua.
5. En otra olla calentamos el aceite. Rehogamos la cebolla a fuego suave, no se tiene que dorar. Cuando comienza a ponerse transparente agregamos la arracacha, calabacín y rehogamos unos minutos más.
6. Incorporamos el caldo, sal, cilantro y celery, y dejamos hervir hasta que la arracacha se ablande. Luego apagamos.
7. Retiramos los espárragos del agua y agregamos a la cocción.
8. Colocamos en la licuadora todo y vamos agregando poco a poco el caldo, hasta lograr cremosidad.
9. Servimos decorando con las puntas de espárragos.

Tips:

★ Puedes agregar leche y proteína cocida.

Crema de calabaza y puerro

Ingredientes:
- Caldo de huesos o agua
- 2 cucharadas de aceite de oliva, de ajonjolí o del que puedas
- 2 puerros medianos (solo el tallo)
- 1 kilo de calabaza
- ¼ de cebolla
- 1 papa mediana
- 1 diente de ajo (opcional)
- Sal al gusto

Preparación:
1. En una olla ponemos el aceite a calentar un poco, agregamos el ajo y doramos rápidamente.
2. Agregamos la cebolla y los puerros picados y rehogamos hasta que estén blandos.
3. Pelamos y picamos en trozos la calabaza y la papa y añadimos en la olla.
4. Agregamos el caldo o agua, recordando que las verduras al cocinarse sueltan líquido.
5. Dejamos cocer a fuego medio durante ½ hora (hasta que la calabaza y la papa estén blandas).
6. Retiramos del fuego y dejamos enfriar un poco y licuar, agregando el líquido de a poco hasta obtener la cremosidad deseada.

Tips:
★ Puedes agregar alguna proteína al licuar y así tendrás una rica crema, como pollo o legumbres, previamente cocidos.
★ Puedes agregar leche al licuar.
★ Puedes colocar trocitos de queso vegetal.

Pan tipo pita de espinaca

Ingredientes:
- 1 taza de hojas de espinacas limpias
- ¼ de taza de agua
- 1 clara de huevo
- ½ taza de harina sin gluten
- ½ cucharadita de polvo de hornear
- Pizca de sal, orégano y albahaca

Preparación:
1. Batir la clara de huevo y reservar.
2. Licuar el agua y la espinaca (Lo ideal sería agregarla picadita, pero pueden licuarla si a sus niños no les gusta).

3. Agregar el agua con espinaca al bowl donde tienen la clara y batir (lo hice con batidor manual).
4. Añadir los demás ingredientes.
5. Cocinar en sartén antiadherente tapado y dar la vuelta hasta dorar.
6. Servir con lo que deseen acompañar.

Arepitas divertidas de batata/comité/boniato

Ingredientes:
- 1 taza de batata al vapor o sancochada al dente
- ¼ de zanahoria rallada
- 2 cucharadas de aceite
- Sal marina al gusto
- 1 cucharadita de chía (opcional)
- 4 cucharadas de harina de maíz sin gluten (opcional)
- Agua tibia (para amasar)

Preparación:
1. Amasar, agregando el agua poco a poco hasta lograr consistencia.
2. Formar tus arepitas como de costumbre y asar por ambos lados.
3. Usa muy poca harina de maíz solo para dar consistencia, pero si te gustan blandas no la necesitarás.

Tips:
★ Acompañen con lo que les guste.
★ Con esta masa pueden hacer empanadas, rosquitas, arepitas rellenas o bollitos.

Arepitas con caritas sonrientes (de maíz con zanahoria y linaza)

Ingredientes:
- Zanahoria
- Harina de maíz
- Sal
- 2 cucharadas de linaza

Preparación:
1. Puedes agregar a la harina zanahoria rallada o tomar el agua con la que vas a amasar la harina, la colocas en la licuadora y licuamos con la zanahoria.
2. Coloca en un bolw la harina de maíz, sal, 2 cucharadas de linaza y comienza a amasar con el agua de zanahoria licuada.
3. Haz las bolitas tal cual como haces las arepas y le haces la forma de carita sonriente (se la hice con una cuchara de postre).
4. Luego colocas a dorar por lado y lado, como de costumbre, o las puedes freír.

Tips:

★ Puedes hacer lo mismo con remolacha, calabacín, ahuyama, espinaca, acelgas, etcétera. Siempre limpiando bien los vegetales.

Crema de arvejas verdes y calabaza/auyama

Ingredientes:
- 1 y ½ litro de agua con 2 cubitos de caldo de huesos (esta es la base de la crema)
- 3 cucharadas de arvejas verdes
- Calabaza/auyama/zapallo
- Chayote (puede ser papa)
- Sal marina al gusto
- Ramas verdes: cebollín, celery, cilantro (al gusto de cada uno).

Preparación:
1. Remojar las arvejas verdes con un toque de medio ácido y cocinarlas hasta que estén blandas.
2. Llevamos a cocción todos los demás ingredientes (dejar de último las arvejas, puesto que ya están cocidas).
3. Apagar, dejo enfriar un poco y licuar.

Tips:
★ Si deseas que quede bien cremosa incorpora el líquido poco a poco. Así quedará más cremosita, ya que puede que no utilices todo el líquido.

Crema de calabacín/brócoli/aguacate

Ingredientes:
- ¼ de aguacate maduro
- ⅓ de brócoli
- 2 calabacines
- 1 cucharada de aceite
- Caldo de huesos
- Sal marina al gusto
- Cebolla o cebollin
- Apio españa, cilantro o perejil al gusto.

Preparación:
1. Lavar todas las verduras. Cortar el brócoli por ramitos, la cebolla o cebollín picadito y el calabacín a cuadritos. Reservar el aguacate.
2. Colocar al vapor el brócoli y reservar.
3. En una olla hacer un sofrito de cebolla a fuego suave, hasta que empiece a tomar color. Añadir el calabacín y lo sofreímos unos minutos más.
4. Cubrimos con sal, agua o caldo de huesos, ramas y dejamos cocer tapados por unos minutos.
5. Retiramos del fuego y dejamos reposar un poco y licuamos. Justo en este momento añadimos el aguacate y el brócoli y continuamos licuando, hasta lograr la consistencia cremosa que dará el aguacate.

Tips:
- ★ Licuar con poca o casi nada de agua de la cocción, para lograr la consistencia cremosa.

Hummus de calabaza o auyama

Ingredientes:
- 1 y ½ taza de auyama o calabaza horneada (sancochada absorbe mucha agua y te quedará aguado tu hummus)
- 1 taza de garbanzos cocidos
- ½ taza de agua de la cocción de los garbanzos
- Jugo de un limón o una cucharada de vinagre de manzana
- 1 cucharada de mantequilla de cualquier fruto seco (yo usé merey y un poco de crema de ajonjolí)
- ½ cucharadita de sal
- Una pizca de comino

Preparación:
1. Colocar todos los ingredientes en el vaso de la licuadora y procesar a máxima velocidad (por 1 a 3 minutos), apagando de vez en cuando para remover un poco. Continuar hasta que esté homogéneo y cremoso.
2. Ajustar los condimentos y la sal si es necesario.
3. Dejar reposar en la nevera por media hora.
4. Para servirlo coloca un poco de aceite de oliva, perejil picado, pimentón rojo en polvo, y si tienes semillas de auyama también puedes añadir un poco, le dan crocancia y sabor.

Nutella vegana

Ingredientes:
- ½ aguacate mediano o 1 pequeño
- 2 cucharadas rasas de cacao
- ½ taza de miel
- 1 y ½ cucharada de aceite de girasol o coco

Preparación:
1. Procesar todos los ingredientes en una licuadora o procesador.

Tips:
- ★ También puede hacerse con base de auyama y ocumo. O auyama y yuca. ½ taza de cada uno. En este caso se agregan dos cucharadas de aceite.
- ★ Pueden jugar con la consistencia y la dulzura, si la desean más oscura agreguen cacao.
- ★ Si la quieres más dulce agrega más miel o si la deseas más brillante pon más aceite. Todo por cucharaditas, hasta llegar a lo que ustedes deseen.

Yogurt de coco

Ingredientes:
- 4 tazas de leche de coco (bien pura)
- 3 cucharaditas de agar agar
- 2 cucharadas de arrowroot o sagú
- ½ cucharada de agave
- ½ taza de agua
- 2 cápsulas de un probiótico libre de lácteos

Preparación:
1. Colocar 3 tazas de leche de coco en una olla y llevar al fuego.
2. Aparte, en otro envase, disolver el sagú en la leche restante.
3. En otra ollita colocar el agar con la ½ taza de agua y llevar a la cocina, a fuego bajo, hasta disolver.
4. Una vez hierva la leche, agregar el sagú ya disuelto y mover para que quede uniforme. Agregar el agar y cocinar por 1 o 2 minutos. Agregar ahora el agave.
5. Bajar de la cocina y dejar enfriar hasta que tenga una temperatura de 38° C aproximadamente.
6. Disolver el probiótico en 2 cucharadas de agua y agregar a la leche.
7. Colocar en la yogurtera por 10 a 12 horas.
8. Refrigerar una vez listo. Disfrutalo con tus frutas preferidas.

Tips:
- ★ Si no tienes yogurtera, colócalo en frascos limpios, envuelvelos con un paño y llevalo a un lugar cálido, durante toda la noche.
- ★ Prueba tu yogur en el tiempo que recomiendo y si aún le falta acidez, déjalo reposar un poco más.

Salsa para pizza sin tomate

Ingredientes:
- 2 pimentones grandes y bien rojos
- 1 remolacha pequeña
- 2 zanahorias
- 2 cucharadas de cebolla o cebollín picadito
- Un poco de celery, ajo, perejil, orégano y albahaca
- 2 cucharadas de aceite de oliva
- Sal al gusto y un poco de agave (o del endulzante que uses)

Preparación:
1. Sancocha las zanahorias y la remolacha hasta que estén blandas.
2. Pon a asar los pimentones en el horno o directamente al fuego, de las dos maneras funciona.
3. Retira la piel de los vegetales y colócalos en la licuadora, añade un poco de agua, (solo lo necesario para procesar y obtener una consistencia de compota espesa).
4. En una olla sofríe la cebolla o cebollín y un poco de ajo en el aceite de oliva, incorporar los vegetales procesados y remueve muy bien.

5. Añade un poco de celery, orégano y perejil, así como también un poco de endulzante y sal al gusto.
6. Deja hervir hasta que tome consistencia, añade la albahaca y baja del fuego.
7. Deja reposar hasta que enfríe y envasarla en un frasco limpio, consérvala en la nevera.

Comidas o Platos fuertes

Coliarroz

Ingredientes:
- 1 coliflor mediano
- Cebollín o cebolla picada
- 1 zanahoria picada finamente
- Vainitas o guisantes
- 3 cucharadas de aceite (uso de coco da un buen sabor, si no el que tengan a su alcance)
- 250 mililitros de caldo de pollo o agua
- Pimentón y ají dulce picadito
- Cúrcuma y ajo
- Sal al gusto

Preparación:
1. Colocamos el coliflor, previamente lavado, unos minutos al vapor y quitando no completo tallo a tallo.
2. Sacamos y con las manos desgranamos.
3. Salteamos en aceite: ajo, cebollín o cebolla, pimentón y ají dulce, por unos 5 minutos.
4. Agregamos la coliflor y salteamos por 10 minutos más.
5. Añadimos los guisantes o vainitas (picadas) y la cúrcuma.
6. Por último, agregamos sal y caldo de pollo o agua.
7. Cocinamos hasta que reduzca el caldo (tal cual como un arroz) y listo.

Pastel de papa/batata/camote/malanga/yautia/apio/arracacha o platano macho amarillo

Ingredientes:
- Papas/ocumo/apio/arracacha/batata/camote/boniato o plátano amarillo macho (cualquiera de ellos). Cantidad necesaria
- 3 cucharadas de almidón de yuca, sagú o maicena (opcional). El almidón dependerá de la cantidad de puré que vayan a usar. Pueden usar Mix de harinas
- Pizca de sal
- 1 cucharada de aceite
- 1 huevo (opcional)
- Proteína
- Vegetales: vainitas, pimentón rojo y amarillo, cebollín y ají dulce
- Especias al gusto
- Ajonjolí tostado o queso

Procedimiento:
1. Cocinar las papas o el ingrediente escogido y hacer puré.
2. Agregar el almidón, sal y aceite. Mezclar.
3. Batir el huevo y agregar solo la mitad. Reservar la otra parte.
4. Amasar hasta integrar todo.
5. Aparte preparar carne, pollo o pescado con vegetales, dejándolos secos. Agregar sal marina y especias al gusto.

6. Luego, en un molde engrasado, colocar como base parte de la masa bien esparcida que cubra el fondo.
7. Luego colocas el relleno y cubrir con la otra parte de la masa.
8. Barnizas con la otra mitad del huevo o aceite y agregas un poco de ajonjolí tostado o si prefieres colocas queso.
9. Llevas al horno hasta que dore. Servir y disfrutar.

Quiche de vegetales (mediana)

Ingredientes
- 2 huevos
- ⅓ de taza de leche
- 3 cucharadas de cilantro o perejil picado
- 3 cucharadas de cebollín picadito
- 3 cucharadas de cebolla picada (opcional)
- 3 cucharadas de pimentón amarillo picado
- ½ taza de zanahoria rallada o más si lo desean
- 1 calabacín rallado y escurrir el líquido
- 4 cucharadas de harina sin gluten (la que tengas)
- Sal marina al gusto
- Agrega especias como romero, albahaca, orégano, cúrcuma, etcétera

Preparación:
1. Colocar en un bowl los huevos y batir ligeramente.
2. Agrega la leche, sal marina, especias y sigue mezclando.
3. Agrega: cilantro o perejil, cebollín, cebolla, pimentón, zanahoria, calabacín y mezcla suavemente.
4. Por último agrega la harina y mezcla ligeramente hasta que no veas grumos.
5. Coloca la mezcla en sartén antiadherente, previamente engrasado, durante 10 a 15 minutos, a fuego medio-bajo y tapado.
6. Puedes colocar arriba tomate cherry o simplemente al servir decora con hojitas de cilantro o perejil.

Sustituciones:
★ Huevo: si eres intolerante agrega huevo vegano, por cada huevo: remoja 1 cucharada de linaza molida en 3 cucharadas de agua tibia y deja reposar durante 15 minutos.
★ Agrega todos los vegetales que quieras, puedes agregar los mismos o los que tengas listos para consumir.

Caldo de huesos

Ingredientes:
- 1 kilo de alguna de las siguientes opciones:
  - Rodillas de chozuela
  - Patas de res
  - Huesos de pollo

- ○ Lagarto con hueso
- ○ Pescado
- 1 cucharadita de vinagre permitido o gotas de limón
- Ajoporro, cebollin, celery y cilantro
- Sal

Procedimiento:
1. Lavar muy bien los huesos y colócalos en una bandeja. Llévalos al horno durante unos 10 a 15 minutos.
2. Coloca una olla grande hasta casi el tope con agua y agrega 1 cucharadita de vinagre permitido o gotas de limón (yo uso olla de presión pero sin tapa).
3. Una vez que rompa en hervor el agua, agregar los huesos previamente sacados del horno y dejar que vuelva a hervir.
4. Bajar la llama al mínimo y dejar que se cocine a fuego lento, retirando la grasa de arriba (este proceso tarda más o menos 4 o 5 horas).
5. Cuando la cocción haya bajado más de la mitad, agregar ramas verdes (ajo porro, cebollín, apio españa, cilantro, etcétera) y un toque de sal. Dejar reducir más el agua.
6. Cuando veas que quedan más o menos unos 6 dedos de caldo en la olla, apagas y retiras huesos y ramas. Dejas reposar.
7. Colocamos el caldo en envase de vidrio en la nevera, hasta el día siguiente y eso es lo que le vas a colocar a las comidas (1 a 2 cucharadas).

Tips:
★ Los caldos de rodillas y patas de res quedan como una gelatina al día siguiente. Los otros quedan menos gelatinosos.
★ Esta es una forma, la otra es hacer el mismo procedimiento pero con menos huesos para la toma del día. Y cuando vaya a la mitad agregar verduras y ramas y consumirlo el mismo día, tal cual una sopita.
★ Los caldos de huesos de pollo para que queden más concentrados les agrego 2 patas de pollo y las licuo solas con el caldo, luego paso por colador de tela y embotello.
★ El de pescado, antes de embotellar, pasar por un colador de tela para que no se vayan huesitos.
★ Se guardan en frascos de vidrio, en el lado frío del refrigerador.
★ Para sacar mejores porciones pueden colocar el caldo, una vez elaborado, en hieleras y colocar en el congelador. Y agregamos a las comidas un cubito.

Beneficios del Caldo de huesos

➤ Ayuda a potenciar el funcionamiento del sistema inmunológico.
➤ Previene enfermedades infecciosas y resfriados.
➤ Previene la anemia y ayuda a tener los huesos sanos, el crecimiento y mantenimiento de los tejidos del cuerpo.
➤ Ayuda a tener una mejor absorción de proteínas derivadas de los alimentos.
➤ Previene el envejecimiento prematuro y mejora la salud del cabello.

Croquetas de lentejas

Ingredientes:

- 1 taza de lentejas
- Bicarbonato
- Pimentón, cebolla, ajo y cebollín
- Sal
- Aceite
- 1 huevo
- Almidón de yuca o harina de maíz sin gluten
- Casabe molido

Preparación:

1. Remojar 1 taza de lentejas durante la noche, con una pizca de bicarbonato.
2. Botar el agua y con agua nueva llevar a cocción las lentejas. A los 10 minutos volver a cambiar el agua de la cocción (para desechar esa primera agua que causa flatulencias, gases, distensión), cuando estén blandas pero aún firmes.
3. Apaga el fuego. Cuela y pasa los granos de lenteja por un procesador (se formará una pasta), reserva.
4. Aparte realiza un sofrito de pimentón, cebolla, ajo y cebollín; picados muy pequeños. Luego de sofreír con poco aceite, agregar sal al gusto.
5. El sofrito se une a la pasta de lenteja, se amasa y se agrega un huevo, se continúa amasando.
6. Se compacta con un poquito de almidón de yuca o harina de maíz sin gluten.
7. Se hacen bolitas y se rebozan en casabe molido sin gluten, huevo y otra vez casabe molido o harina de maíz. Al casabe pueden agregarle especias molidas.
8. Freír en abundante aceite. Se pueden hornear.

Pionono de zucchini/calabacín

Ingredientes:
- 3 huevos
- ¼ de taza de Mix de harinas, almidón de maíz o trigo sarraceno
- 1 zucchini/calabacín pequeño
- ½ cucharadita de polvo de hornear
- 1 cucharadita de aceite de oliva
- ½ cucharadita de sal
- Especias al gusto (coloqué pizca de orégano y paprika)
- Queso crema dulce (sustituible)

Preparación:
1. Colocamos en un bowl los 3 huevos y batimos enérgicamente.
2. Agregamos aceite, sal, especias, polvo y harina. Continuamos batiendo. Dejamos reposar.
3. Previamente lavado el calabacín, lo picamos en rueditas muy delgadas y colocamos en una fuente engrasada en fila.

4. Vertemos la mezcla sobre el calabacín y llevamos al horno, previamente recalentado durante 7 a 10 minutos.
5. Dejamos enfriar, rellenamos y enrollamos.

Tips:
★   Si tu niño no come el calabacín de esta forma licuale a la mezcla 1/4 de calabacín. Lo puedes rallar si lo deseas.

Croquetas de arvejas verdes

Ingredientes:
- Arvejas verdes cocidas con pizca de sal, celery y hoja de laurel
- Cebolla o cebollín picado
- Pimentón picadito o rallado
- Ají dulce picadito o rallado
- 1 ajo machacado (opcional)
- Perejil y cilantro picadito
- Empanizador o harina de maíz
- 1 huevo o sustituto (1 cucharada de linaza molida disuelta en 3 cucharadas de agua tibia, reposar 15 minutos)
- Aceite
- Sal al gusto

Preparación:
1. Realizar un sofrito con los aliños.
2. Procesar en la licuadora o procesador las arvejas verdes, ya cocidas y escurridas.
3. Agregar el sofrito, pueden dejarlo así o procesarlos.
4. Agregar la mitad de 1 huevo batido. Si preparas sustituto lo agregas.
5. Agregar el empanizador (si no tienes agrega harina de maíz) mezcla y lleva a la nevera por ½ hora como mínimo.
6. Saca de la nevera. Mezcla, forma tus croquetas, empaniza nuevamente y dora bien por ambos lados.
7. Retira, coloca en papel absorbente y acompaña con lo que desees.

Conejo en salsa de limón

Ingredientes:
- Conejo limpio
- 2 cebollas
- 1 pimentón
- 1 zanahoria
- 1 litro de caldo
- 2 cucharadas de miel
- 3 cucharadas de aceite de oliva
- Celery
- Sal, pimienta, laurel y tomillo
- 3 dientes de ajo

- Cilantro/ciboulette
- Zumo y ralladura de limón

Preparación:
1. Llevamos el conejo a cocción hasta que ablande un poco, con un toque de sal y ramas verdes (cilantro, ciboulette).
2. Retiramos y marinamos en un refractario que llevaremos al horno, agregando el zumo de los limones y ralladura de los mismos.
3. Colocamos aceite, sal, pimienta, miel y el caldo (puede ser el de la cocción del conejo). Colocamos los dientes de ajo enteros.
4. Picamos los vegetales, agregamos y llevamos al horno. Dando algunas vueltas de vez en cuando, hasta ablandar la carne del conejo y los vegetales.
5. Puedes agregar una rodaja de limón si lo deseas.
6. Servir con lo que gustes.

Bagre en salsa de Coco

Ingredientes:
- 6 filet de bagre
- 1 taza de leche de coco concentrado.
- 1 limón
- 2 tomates
- 1 cebolla o cebollín/ciboulette
- ½ pimentón rojo
- 4 cucharadas de aceite
- 2 dientes de ajo
- Especias al gusto, puede ser albahaca deshidratada, pimienta, cúrcuma, etcétera.
- Sal al gusto

Preparación:
1. Lavamos y sazonamos el pescado con sal, zumo de limón y albahaca y reservamos.
2. Picamos finamente los ajos. Cortamos tomate, pimentón y cebolla. Realizamos un sofrito y reservamos. Sofreír unos 5 minutos, hasta que la cebolla cristalice y los ingredientes suelten sus jugos. Puedes agregar acá las especias que desees y una pizca de sal.
3. Colocamos en una cazuela 4 cucharadas de aceite, agregamos el bagre, agregamos la leche de coco y tapamos por unos 10 minutos.
4. Incorporamos el sofrito al pescado y cocinamos unos minutos más, rectificando sabores.
5. Servimos el pescado y bañamos con la salsa de la cocción. Acompañamos con lo que deseemos.

Súper pescado

Ingredientes:
- Pescado en tiras (usé merluza)
- Casabe molido o harina de mandioca/yuca

- Casabe entero triturado, pero no mucho
- 1 huevo
- Sal y especies al gusto
- Aceite
- Zumo de limón (opcional)

Preparación:
1. Limpiar el pescado, agregar aceite, sal, especias y reservar (agregué zumo de limón).
2. Batir el huevo.
3. Pasar las tiras de pescado por huevo, luego por la harina, nuevamente por huevo y por último por el casabe triturado y freír.
4. Retirar y colocar sobre papel absorbente.
5. Servir con lo que gusten.

Pisca andina

Ingredientes:
- 4 papas blancas y grandes, cortadas en cubos (receta para 4 personas)
- 1 litro de caldo de pollo o 1 litro de agua.
- Agregamos nuestro cubito de caldo de huesos
- 1 cebollín/ciboulette finamente picado o ½ cebolla pequeña
- 1 diente de ajo machacado (opcional)
- Cilantro finamente picado al gusto
- 500 mililitros de leche
- 1 a 2 cucharadas de mantequilla Ghee o aceite de oliva
- Sal marina al gusto
- 4 huevos

Preparación:
1. Colocamos en una ollita la mantequilla y salteamos la cebolla, el cebollín y el ajo.
2. Agregamos las papas y posteriormente el fondo de pollo, hasta que las papas estén blandas.
3. Agregamos la leche y sal. Y dejamos calentar un poco pero no q hierva. En este punto agregamos 1 a 1 los huevos y esperamos que se cocinen un poco.
4. Apagamos, dejamos enfriar un poco, servimos y agregamos el cilantro.
5. Acompáñala con unas ricas arepas de maíz o tipo andinas sin gluten.

Tips:
★ Agregar una papa por comensal.
★ 1 huevo por persona.
★ Cilantro, puedes agregar un poquito en la cocción y otra parte al servir.
★ Puedes agregar queso permitido picadito.

Ñoquis de arracacha/apio

Ingredientes:

- 1 taza de arracacha/apio, previamente cocido y hecho puré.
- 1 y ½ taza de Mix de harinas
- 2 cucharadas de aceite de oliva o el que tengan permitido
- Pizca de curcuma y orégano
- Sal al gusto

Preparación:
1. En un bowl coloca el mix de harinas y almidón, previamente cernidos, y reserva.
2. En otro bowl combina puré, aceite, sal y especias.
3. Incorpora la harina, poco a poco, en el bowl donde tienes el puré, hasta obtener una mezcla moldeable, no pegajosa. Si necesitas líquido o más harina, agrégalo por cucharadas.
4. Separa la masa en porciones y forma cilindros sobre papel engrasado o en un mesón enharinado.
5. Cortar los ñoquis del tamaño que desees. Puedes ayudarte de un tenedor.
6. Coloca a hervir agua con un toque de sal y aceite. Al romper en hervor agrega los ñoquis y retiralos del agua apenas floten en la superficie. Es súper rápido, en 2 minutos aproximadamente.
7. Cuela y sirvelos con lo que desees.

Ñoquis de calabaza

Ingredientes:
- ¾ de taza de calabaza, previamente cocida al vapor y hecha puré
- 1 y ¼ taza de Mix de harinas
- 2 cucharadas de aceite de oliva o del que tengan permitido
- Pizca de curcuma y orégano
- Sal al gusto

Preparación:
1. En un bowl coloca el mix de harinas y almidón, previamente cernidos, y reserva.
2. En otro bowl combina puré, aceite, sal y especias.
3. Incorpora la harina, poco a poco, en el bolw donde tienes el puré, hasta obtener una mezcla moldeable y no pegajosa.
4. Separa la masa en porciones y forma cilindros sobre papel engrasado o en un mesón enharinado.
5. Cortar los ñoquis del tamaño que desees y márcalos con un tenedor.
6. Coloca a hervir agua con un toque de sal y aceite. Al romper en hervor agrega los ñoquis y retiralos del agua apenas floten en la superficie. Es súper rápido, en 2 minutos aproximadamente.
7. Cuela y sirvelos con lo que desees.

Pasta de calabacín y zanahoria

Ingredientes:
- 1 calabacín grande
- 1 zanahoria

- 1 cucharada de aceite
- Cebollin, ají dulce y pimentón al gusto
- Ajo molido o diente de ajo (si lo tienen permitido)
- Pollo, carne o pescado, previamente preparado con vegetales para acompañar la pasta

Preparación:
1. Corta el calabacín y la zanahoria crudos y en tiras. Las tiras deben ser largas tipo pasta.
2. Pica el cebollín, ají dulce y pimentón y lleva al sartén con el aceite. Salteen unos 2 minutos a fuego bajo y agrega los fideos de zanahoria y calabacín.
3. Si decides usar ajo en polvo en este momento lo agregas, junto con un toque de sal. Si usan el ajo entero lo saltean antes de colocar el calabacín y la zanahoria.
4. Saltea por unos 2 minutos más y acompaña la pasta con la proteína elegida.

Calabacines Rellenos

Ingredientes:
- 1 calabacín grande, firme y verde
- Carne molida preparada con especias y vegetales (pueden usar ají dulce, cebolla, cilantro o perejil y pimentón)
- Sal y toque de aceite
- 1 a 2 huevos
- Empanizador, si no lo tienes pulveriza casabe en la licuadora y agregas especias molidas

Preparación:
1. Parte en 2 el calabacín previamente lavado y, con ayuda de una cuchara, quita parte de su pulpa, dejando algo.
2. Corta en ruedas.
3. Toma porciones de carne molida. Forma bolitas. Introduce en el calabacín y haz presión, para que el orificio del calabacín quede cubierto con la carne.
4. Pasa por huevo, luego empanizador y nuevamente por el huevo batido.
5. Fríe, retira, coloca sobre papel absorbente y disfruta.

Kaftas: Kafta, Kofta, Kufta o Kabab mashwi

Ingredientes:
- 500 gramos de carne molida
- ½ cebolla picadita o rallada
- 1 manojo de perejil picado
- Hojitas de hierbabuena
- 1 a 2 dientes de ajo rallado
- Pimentón o ají dulce picadito o rallado (opcional)
- Sal y especias al gusto (puede ser: curcuma, pimentón dulce, canela, orégano, cebollin y aji). Ojo, en la cocina Árabe se usan 7 especias (Baharat)
- 2 cucharadas de aceite

- Palillos para pinchar

Preparación:
1. En un bowl mezclar todos los ingredientes.
2. Formar bolas del mismo tamaño, aplastarlas ligeramente con la mano, haciéndolas girar hasta darle forma cilíndrica (salchicha).
3. Ensartar los palillos, pincelar con aceite.
4. Cocina a la parrilla o sartén caliente engrasado. Dándoles la vuelta hasta que esté la carne en su punto.

Tips:
★ Si usas palillos, te recomiendo dejarlos un rato en agua helada antes de usarlos.

Pasta (sin huevos, sin arroz, sin maíz, sin gluten)

Ingredientes:
- 1 taza de harina multigranos
- 1 taza de almidón de yuca
- 1 taza de agua tibia
- 1 cucharadita de goma guar
- Pizca de sal
- Vegetal (puede ser remolacha, espinaca y zanahoria) o 1 taza de harina de remolacha

Preparación:
1. Mezclar todos los ingredientes secos (harina, almidón y goma).
2. Si usas un vegetal limpiarlo y licuarlo con el agua.
3. Formar un agujero en el centro y agregar una parte del agua y mezclar. Primero con paleta y, a medida que agregues más agua y la masa se torne más consistente y espesa, usa las manos. Si es necesario agrega más agua por cucharadas.
4. Amasar hasta obtener una masa firme en forma de bola. Dejar reposar 30 minutos tapada.
5. Espolvorear la masa y el tope donde vayas a trabajar con almidón. Esto en caso de que no uses una máquina para pastas.
6. Estira la masa con un rodillo de madera (doblando y estirando para hacerla más flexible), hasta obtener un grosor bien delgado. Siempre espolvoreando para que no se pegue del rodillo.
7. Cortar finito con un cortador de pizza o con cuchillo.
8. Llevar a cocción en un agua previamente hervida con aceite y sal. Colocar la pasta y apenas floten retirarlos.
9. Servir con lo que desees.

Tips:
★ Puedes hacer esta pasta solo con harina de arroz, es decir, las 2 tazas las puedes sustituir por esta harina. Si no tienes Goma Guar y no tienes problema con el maíz puedes usar Goma Xanthan.

Pasta de maíz

Ingredientes:
- ½ taza de masa de maíz amarillo de hacer arepas (de preferencia pilado)
- ½ taza agua
- ¼ de taza de harina de arroz
- 1 y ¼ taza de almidón de maíz
- 1 y ½ cucharadita de goma xanthan
- Una pizca de sal

Preparación:
1. Colocar la masa de maíz con el agua y la sal en la licuadora, una vez procesada, pasar por un colador y vaciar la mezcla en un bowl.
2. Agregar un poco del almidón de maíz, la harina de arroz y la goma xanthan y amasar. Seguir añadiendo el resto de la harina hasta obtener una masa que no se pegue de las manos. Si queda blanda añade un poco más de almidón de maíz.
3. Estirar la masa y cortar la pasta, con una máquina de pasta o puedes hacerlo manual; estirando rectángulos de la masa y con un cortador de pizza o un cuchillo cortar finas tiras, siempre espolvoreado maizina sobre la superficie de trabajo.
4. Cocinar en agua hirviendo por 2 a 3 minutos, estando pendiente, ya que se cocina muy rápido.

Tips:
- ★ Si no tienes masa de este tipo, también sirve ubicar el maíz pilado, sancocharlo hasta ablandar y luego licuarlo con el agua de la receta.

Nuggets de pollo

Ingredientes:
- Pechuga de pollo cruda, limpia, sin piel y sin huesos
- 1 a 2 cucharadas de aceite
- Ají dulce, pimentón, zanahoria o calabacín (picados o rallados)
- Cilantro o perejil picadito
- Especias al gusto: cúrcuma, orégano, cebollino, celery y paprika
- Sal al gusto
- Empanizador o casabe molido

Preparación:
1. Procesar la pechuga con el aceite en un procesador o licuadora, con mucha paciencia.
2. Pasar a un bowl y agregar los demás ingredientes menos el empanizador.
3. Formar como una pasta. Tomar porciones y pasar por el empanizador.
4. Freír y colocar sobre toallitas absorbentes, para sacar el excedente de aceite.
5. También puedes solo engrasar la sartén y dorar por ambos lados.

Pizza al horno o en sartén

Ingredientes para la masa:

- 2 tazas de harina sin gluten o Mix de harinas
- 1 cucharadita de sal marina
- 1 cucharada de polvo para hornear
- 1 cucharada de miel (opcional)
- 3 cucharadas de aceite
- ½ taza de agua tibia
- ½ calabacín y ½ zanahoria rallada (colocar sobre pañito y sacar excedente de líquido. Ese líquido puedes agregarlo para amasar)
- ¼ de cucharadita de sal
- Especias: pizca de sal y cúrcuma
- Salsa para pizza
- Pollo desmechado, quesos y/o los ingredientes que desees añadir

Preparación:
1. En un tazón agrega la harina elegida, sal marina y el polvo para hornear; hacerle un hueco en el centro.
2. Agrega el aceite, calabacín y zanahoria. Agrega los demás ingredientes, el agua y comienza a amasar; si necesitas más agua agrega un poquito más por cucharadas.
3. Amasar por aproximadamente unos 15 minutos, entre más amases la harina más suave te quedará.
4. Tapar la masa y dejar reposar unos 10 minutos.
5. Agrega harina en la superficie donde vas a estirar la masa, y con la ayuda de un rodillo estírala y déjala en el grosor que desees.
6. Engrasa la sartén o molde para pizza y coloca la masa estirada. Agrega salsa para pizza casera (o lo que quieras) queso, vegetales, pollo, etcétera.
7. Tapar la sartén y dejar cocinar unos 10 a 15 minutos a fuego bajo.
8. Si la llevas al horno la dejas unos 10 minutos, sin colocar los topping. Sacas, colocas la salsa y todo lo demás y vuelves a llevar al horno.

Pizza vegana sin levadura

Ingredientes:
- 1 taza apretadita de restos de coco
- 1 taza de harina de arroz integral
- ¼ de taza de harina de yuca
- ½ cucharadita de sal
- ¾ de taza de agua
- 2 de cucharas de aceite de girasol
- ½ cucharada de polvo para hornear
- 1 cucharadita de miel de agave
- Orégano seco al gusto

Preparación:
1. Mezcla todos los ingredientes en un envase y amasa hasta obtener una masa suave y consistente
2. Toma dos bandejas para pizza, colócales un poco de grasa y harina.
3. Divide la masa en 2, coloca la masa en las bandejas y distribuye a lo largo de las mismas.

4. Lleva al horno precalentado a 160° C por 15 minutos, o hasta que los bordes estén levemente dorados.
5. Saca del horno, coloca tu salsa y los ingredientes que desees y lleva nuevamente al horno.
6. Hornea hasta que los bordes estén completamente dorados y crujientes.
7. Saca del horno y a comer.

Pizza de calabacín

Ingredientes:
- 2 calabacines
- 1 cucharadita de levadura
- ¾ de taza de harina de arroz
- ¼ de cucharadita de goma xanthan
- ¼ de cucharadita de sal
- 1 cucharada de aceite de girasol
- 1 cucharadita de miel de agave
- Orégano y pimienta

Preparación:
1. Ralla el calabacín o colócalo en un procesador. Déjalo reposar de 5 a 10 minutos.
2. Coloca el calabacín en una toalla limpia y exprime hasta sacar la mayor cantidad de líquido, debe quedar lo más seco posible.
3. Llévalo a un bowl, añade el resto de los ingredientes y mezcla muy bien. Si sientes que la masa quedó algo dura, añade un poco, sólo un poco del jugo que quedó al exprimir el calabacín; si la masa te queda muy floja no tendrás éxito durante el horneado de tu pizza.
4. Extiende la masa en una bandeja y lleva al horno a temperatura media, por espacio de 20 minutos.
5. Saca del horno, coloca salsa de tomate y los ingredientes que desees y vuelve a hornear por 10 a 15 minutos.

Tips:
★ Puedes usar el Mix de harinas y obviar la goma xanthan de la receta.

Hallacas de plátano

Ingredientes para el guiso:
- 1 pechuga de pollo o gallina
- ½ kilo de cochino picado
- ½ kilo de carne picada
- 3 tallos de cebollin picaditos
- 2 tallos de ajoporro picaditos
- 2 pimentones rojos picaditos
- 3 ajíes rojos picaditos
- Sal y pimienta al gusto
- Orégano al gusto

- 2 cucharadas de vinagre de arroz
- 1 cucharada de azúcar o papelón

Ingredientes para la masa:
- 6 plátanos pintones
- 1 pimiento rojo (opcional)
- Aceite con onoto
- ¼ de taza de harina de plátano
- Sal al gusto y fondo o pimentón rallado, si es necesario y de tu gusto
- Hojas de plátano

Preparación del guiso:
1. Sancochar la pechuga de pollo con un poco de sal y especias, como pimienta, cebollin, celery, romero, guayabita, etcétera. Una vez cocida, desmechar y reservar.
2. Sofreír los aliños, luego agregar las carnes, previamente condimentadas con sal y pimienta. Cocinar por 5 minutos, agregar la pechuga cocida y cocinar hasta que reduzca.
3. Aparte mezclar el vinagre de arroz con el papelón e incorporar al guiso, dejar hervir por 5 minutos, bajar del fuego y dejar enfriar.

Preparación de la masa:
1. Pelar los plátanos, frotarlos con limón y colocarlos en una olla con fondo de res o pollo y sal al gusto. Preferiblemente que sea una olla a presión, y cocinar por 15 minutos.
2. Sacar calientes de la olla y quitar las semillas, hacer un puré con los plátanos y agregar un poco de aceite con onoto.
3. Añadir la harina de plátano, colocar un poco de caldo de pollo o de pimentón licuado para suavizar la masa, hasta obtener una consistencia adecuada. Amasar la masa hasta que esté suave.
4. Armar y cocinar las hallacas como se acostumbra.

Hallacas vegetarianas

Ingredientes para el guiso:
- 3 cucharadas de aceite de oliva pintado con onoto
- 1 cabeza de ajo asada
- 1 cebolla grande cortada en cubos
- 1 pimentón rojo grande cortado en cubos
- 1 pimiento verde cortado en cubos
- 2 tallos de ajoporro cortado
- 6 ramas de cebollín cortado
- 2 tazas de vainitas cortaditas y blanqueadas
- 3 berenjenas medianas
- 2 calabacines grandes
- 12 ajíes dulces
- 2 zanahorias cortadas en cubos y blanqueadas
- 2 tazas de garbanzos cocidos
- ¼ de taza de alcaparras

- ½ taza de vino tinto
- ¼ de taza de papelón
- Sal, curry, comino y pimienta al gusto

Ingredientes para la masa:
- 1 kilo de harina de maíz
- 1 litro de caldo de verduras
- ¼ de taza o un poco más de miel de papelón
- 1 pimentón rojo asado
- 1 cabeza de ajo asada
- 3 o 4 cucharadas de aceite de oliva onotado
- Sal al gusto

Ingredientes para los adornos:
- ½ de taza de aceitunas rellenas
- ½ taza de pasas
- 1 pimentón cortado en julianas
- 1 cebolla cortada en aros

Preparación:
1. Coloca en un bowl agua y sal y allí añade las berenjenas cortadas. Esto hazlo al menos 20 minutos antes de empezar la cocción de los vegetales.
2. Escaldar las zanahorias y las vainitas y reservar.
3. Colocar en un sartén el aceite de oliva, al estar caliente añadir la cebolla, luego el cebollín y el ajoporro. Sofreír por 1 minutos, revolviendo constantemente.
4. Añadir el resto de las alcaparras picaditas y el resto de los vegetales, dejando de último los más blandos.
5. Incorpora el papelón, las especias y sal al gusto. Deja cocinar por unos pocos minutos, no mucho porque sino se deshacen los vegetales. Baja del fuego y deja reposar.
6. Licua el caldo de vegetales con el pimentón asado sin piel y sin semillas, junto al ajo asado y pelado.
7. En un bowl, mezcla la harina de maíz y la sal. Luego, añade poco a poco el aceite de oliva coloreado con onoto, el caldo de verduras licuado y el papelón . Amasa bien hasta obtener una masa suave y homogénea.
8. Arma las hallacas, coloca los adornos que desees (pimentón, cebolla, aceitunas, pasas, etcétera) y cocina como se acostumbra.

Pollo a la broaster sin gluten

Ingredientes:
- 1 pollo entero
- 1 taza de harina de yuca
- ¼ de taza de almidón de papa
- 2 huevos
- 1 cucharada de mostaza
- Sal, ajo, orégano y pimienta al gusto

Preparación:

1. Corta el pollo en presas, del tamaño de tu preferencia. Sazona con sal, ajo, orégano y pimienta.
2. Colócalo en una olla y vierte un poco de agua, sin que cubra el pollo.
3. Lleva a la cocina y coloca una tapa, hasta que esté cocido. Puede tomar entre 15 y 20 minutos.
4. Una vez listo, pasa el pollo a un colador para que suelte el exceso de agua.
5. Aparte bate los huevos, mostaza, sal y pimienta al gusto.
6. En otro recipiente coloca las harinas, un tanto de sal y otro de orégano.
7. Ahora pasa una a una las piezas del pollo por la mezcla de huevo y luego por la mezcla de harina.
8. Deja reposar al menos por 5 minutos. Fríe en abundante aceite hasta que esté doradito.

Macarrones de coco y miel

Ingredientes
- 1 taza de coco fresco rallado
- ½ taza de harina de arroz integral
- 2 cucharadas de leche de coco
- ¾ de cucharadita de polvo para hornear
- ½ cucharadita de goma xanthan
- 4 cucharadas de miel de abeja
- Ralladura de limón
- ¼ de cucharadita de jengibre

Preparación:

1. Lleva todos los ingredientes a un bowl y mezcla hasta integrar todo muy bien.
2. Deja reposar la mezcla por 10 minutos.
3. Coloca la mezcla por cucharadas en una bandeja engrasada.
4. Lleva al horno precalentado a 160° C.
5. Hornea por 15 a 20 minutos o hasta que estén doraditos.
6. Saca del horno y lleva a una rejilla tus macarrones, deja enfriar y disfruta.

Raviolis de harina de cambur

Ingredientes
- 1 taza de harina de cambur fina
- ¼ de taza de harina de yuca
- ¼ de cucharadita de sal
- 1 cucharadita de aceite de oliva
- Agua tibia necesaria para amasar

Preparación:

1. Coloca las harinas y la sal en un envase, ir agregando el agua poco a poco, hasta obtener una masa suave y uniforme.
2. Estirar la masa y rellenar con el relleno de tu preferencia.

3. Cocinar en agua hirviendo por 2 a 4 minutos, esto va a depender del grosor de la masa.

Tips:
★ Para estirar la masa usa una bolsa de plástico aceitada, es más sencillo.

Rollitos de primavera

Ingredientes:
- 1 huevo
- ½ taza de agua
- 2 cucharadas de harina de arroz
- 2 cucharadas de almidón de maíz
- 2 cucharadas de fécula de yuca
- Una pizca de sal

Preparación:
1. Coloca todo en la licuadora y procesa hasta que esté bien mezclado.
2. Deja reposar la mezcla por 15 minutos en la nevera.
3. Saca, deja reposar 5 minutos y vas a cocinar en un sartén caliente y engrasado. Tal cual como cuando cocinas una crepe muy delgada, no debe quedar gruesa, sino no obtendrás buenos resultados al armar tus rollitos.
4. Una vez listo los puedes rellenar con tu relleno preferido, yo los rellené con un salteado de vegetales y jamón, ustedes los pueden rellenar con pollo, carne o lo que deseen.
5. Para rellenarlos coloca en el centro de tu crepe el relleno, dobla los extremos hacia el centro y luego enrollar desde uno de los extremos que quedó sin doblar, hasta el otro; asegura tu rollito humedeciendo la parte donde terminas el enrollado para que se adhiera al rollo.
6. Finalmente fríe los rollitos en abundante aceite caliente, también los puedes llevar al horno con alguna salsa por encima y hasta unos deliciosos canelones.
7. Disfrútalo con una deliciosa salsa.

Enrollado de pollo

Ingredientes:
- Pechuga de pollo
- Cebollin, pimentón, aji dulce, curcuma y orégano
- Sal marina
- Aceite
- 1 cucharadita de mostaza
- Batata (cocinar y hacer puré)
- Casabe molido
- Relleno de preferencia
- Huevo para barnizar

Preparación:

1. Agarra la pechuga de pollo, límpiala y córtala en pedacitos, luego colócala poco a poco en el procesador.
2. Luego toma ese pollo y agrégale: cebollin, pimentón, aji dulce, curcuma, orégano, sal marina, toque de aceite, 1 cucharadita de mostaza y mezcla todo.
3. Coloca un papel parafinado y con la ayuda de una cuchara humedecida, extiende el pollo.
4. Coloca puré de batata y enrolla, sella las puntas, barniza y pasa por el casabe.
5. Lleva a dorar en sartén antiadherente por todos lados (puedes llevar al horno).
6. Puedes colocar de relleno lo que desees. Y listo, sacas, dejas enfriar un poquito y cortas.

Vegetales con pollo

Ingredientes:
- Milanesa de pollo
- Zanahoria
- Chayota (chayote)
- Calabacín (zucchini)
- Berenjenas
- Cebollino
- Pimentón (chile dulce)
- 1 cucharada de aceite de girasol
- Sal y orégano al gusto

Preparación:
1. Coloca la zanahoria y la chayota en una olla con agua, por 5 minutos aproximadamente.
2. En un sartén agrega el aceite y sofríe el pollo, luego agrega el cebollino, pimentón (chile dulce), el calabacín y la berenjena.
3. Incorpora la sal y el orégano.
4. Finalmente, agrega la zanahoria y la chayota, mezcla y cocina por 5 minutos.

Mini pizzas de berenjena

Ingredientes:
- 1 berenjena (receta para 2 personas)
- 1 tomate
- 1 cebolla blanca
- 150 gramos de queso mozzarella
- 1 diente de ajo
- 10 mililitros de aceite de oliva virgen
- Sal
- Pimienta negra molida

Preparación:

1. Vamos a cortar la berenjena en rodajas de un centímetro de grosor, aproximadamente.

2. Ahora las vamos a colocar en una bandeja para horno, sazonar con sal y pimienta y rociar con aceite de oliva.
3. Las ponemos en el horno caliente, a 180º C, por unos 30 minutos aproximadamente.
4. Mientras tanto, vamos a picar la cebolla así como el diente de ajo y el tomate al que habremos previamente retirado todas las semillas.
5. Calentamos aceite de oliva en una sartén y freímos la cebolla por un par de minutos. Agregamos entonces el ajo y el tomate. Revolvemos, sazonamos con sal y pimienta y dejamos en la lumbre (a intensidad baja) por unos 10 minutos.
6. Retiramos las berenjenas del horno y las recubrimos con la salsa de tomate que acabamos de hacer, así como con trocitos de queso mozzarella.
7. Volvemos a poner en el horno por otros 10 a 15 minutos.

Pechugas de pollo en salsa cremosa de espinacas y queso

Ingredientes:
- 4 pechugas de pollo (para 4 personas)
- 2 dientes de ajo
- 100 gramos de tomates cherry
- 200 gramos de espinacas
- 200 mililitros de nata para cocinar o crema de leche
- 50 gramos de queso curado rallado
- Sal y pimienta
- Aceite

Preparación:
1. En una sartén, a fuego fuerte, ponemos un chorrito de aceite. Cuando esté caliente, agregamos las pechugas de pollo enteras y previamente salpimentadas.
2. Cocinamos las pechugas durante unos 2 minutos por cada cara, manteniendo el fuego fuerte. Hecho esto, las retiramos de la sartén y las reservamos.
3. En la misma sartén, ponemos los tomates cherry cortados por la mitad. Cocinamos durante un minuto aproximadamente sin dejar de remover.
4. A continuación, añadimos las espinacas y un par de dientes de ajo picados. Removemos para que se integren todos estos ingredientes mientras lo cocinamos unos 2 minutos más.
5. Cuando las espinacas hayan reducido su tamaño y se hayan cocinado, agregamos la nata para cocinar. Salpimentamos y añadimos también el queso curado rallado. Bajamos la potencia del fuego e integramos este queso con el resto de ingredientes hasta que se deshaga completamente.
6. Hecho esto, devolvemos las pechugas de pollo a la sartén junto con la salsa de queso y espinacas.
7. Dejamos que se cocine todo a temperatura suave durante unos 15 minutos. La idea es que la pechuga absorba el sabor de la salsa y termine de cocinarse su interior. Servimos inmediatamente.

Cordon blue de pollo relleno de jamón y queso

Ingredientes:

- 2 pechugas de pollo cortadas en filetes
- 8 lonchas de queso tipo sandwich
- 8 lonchas de jamón york
- Pan rallado, harina y 2 huevos
- Sal y pimienta
- Aceite

Preparación:

1. Salpimentamos las pechugas de pollo, previamente fileteadas.
2. En una encimera, ponemos un trozo de papel de cocina transparente. Encima ponemos una de las pechugas y la tapamos con más papel film. Con un martillo u otro objeto romo, como con un vaso grande y pesado, golpeamos la pechuga. La idea es estirar y ablandar sus fibras.
3. Retiramos la pechuga del papel film. Sobre ella, ponemos unos trozos de queso. Sobre el queso, una loncha de jamón cocido y sobre este, más queso, así queda más cremoso.
4. Enrollamos todo con las manos, encerrando el relleno en el interior de la pechuga de pollo. No pasa nada si sobresale un poco por los lados.
5. Ahora pasamos cada paquetito de pollo relleno primero por harina, después por huevo, luego por pan rallado y después de nuevo por huevo y por pan rallado.
6. Reservamos en un plato hasta haber empanado todo el pollo
7. Cuando hayamos rellenado y empanado todas las pechugas, las metemos en el congelador durante unos 10 minutos. Si no vas a freírlas en el momento, puedes dejarlas unas horas en la nevera.
8. Freímos en abundante aceite, que las cubra por completo. Es importante que el aceite no esté muy caliente (a unos 150º C), para que el calor penetre bien en el interior de cada paquetito de pollo, sin que se queme el pan rallado.
9. Pasados unos 3 minutos de fritura, cuando esté dorado y cocinado en su interior, retiramos del aceite y colocamos cada cordón blue en papel absorbente, antes de servirlo.

Tips:

★ Si ves que a tu cordón blue de pollo le falta un poco de cocción en el interior, puedes meterlo al horno para que terminen de cocinarse.

Pastel de pollo con vegetales

Ingredientes:

- Pechuga o muslo de pollo
- Hierbas y sal
- Vegetales (puede ser pimentón, ají dulce, zanahoria, vainitas, sal, orégano y cúrcuma al gusto)
- Caldo de huesos
- 2 huevos
- ⅓ de harina sin gluten
- 1 cucharadita de polvo de hornear sin gluten

Preparación:

1. Cocinar la pechuga o muslo con las hierbas y sal. Luego esmecharlo.
2. Preparar aparte bastantes vegetales (pimentón, ají dulce, zanahoria, vainitas, sal, orégano y curcuma al gusto), sofrei, agregar el pollo esmechado y caldo de huesos y deje secar.
3. Agarre 2 huevos, batir, agregar ⅓ de taza de harina sin gluten y 1 cucharadita de polvo de hornear sin gluten.
4. Procede a añadir el pollo con los vegetales, mezcla bien y lleva al horno en molde de pan de silicona a 200° C, hasta dorar.
5. Retirar y servir.

Tips:
★ Puedes hacerlo tipo muffins (ponquecitos).
★ Puedes agregar semillas de ajonjolí.

Berenjenas rebozadas

Ingredientes:
- Berenjenas
- Sal
- Huevo (opcional)
- Harina para rebozar, puede ser Mix de harinas
- Aceite

Preparación:
1. Lavar y rebanar las berenjenas.
2. Toman un molde, colocan en la base sal, colocan las berenjenas en rebanadas y agregan por arriba nuevamente sal.
3. Las dejan reposar 45 minutos, pasado ese tiempo notarán las berenjenas con líquido, agarran una por una las sacuden bien, las secan con pañito o papel absorbente.
4. Pasan por huevo (opcional) y harina para rebozar, colocan en molde engrasado y llevan al horno o las fríen.

B ebidas

Atoles

Ingredientes:
- 2 tazas de la leche de tu preferencia
- 3 cucharadas de sagú/arrowroot (sustituible por maizena, harina de arroz o harina de plátano/topocho/cambur)
- 2 clavos de olor
- Canela en polvo
- Pizca de sal
- Endulzante al gusto
- 1 tirita pequeña de piel de limón

Preparación:
1. Colocar en la licuadora todos los ingredientes (menos la piel de limón) y licuar.
2. Colocar la mezcla en una olla a fuego medio-bajo, hasta que hierva. Sin dejar de remover constantemente, para que no se pegue y para evitar se formen grumos.
3. Al hervir agrega la piel del limón y deja hervir 2 minutos más.
4. Retira del fuego y sirve caliente, retirando la piel del limón.
5. Si lo dejas reposar y sientes la consistencia muy gruesa, puedes darle unos toques en la licuadora antes de servir.

Batido con leche de semillas de melón

Ingredientes:
- 1 vaso de leche de semillas de melón
- ¼ de zanahoria
- ½ banana
- 1 cucharadita de chía

Preparación:
1. Batir y beber.

Licuado energizante

Ingredientes:
- ½ litro de agua
- 1 manojo de espinaca
- 2 tallos de apio

Preparación:
1. Lavar bien los vegetales, licuar, colar y tomar recién preparado, para no desperdiciar los nutrientes.

Quesos y productos lácteos

Queso de papa

Ingredientes:
- 2 papas medianas sin piel (aproximadamente 200 gramos)
- ¼ de taza de aceite
- ½ taza de agua de la cocción de las papas
- 2 dientes de ajo
- 3 cucharadas de Maizena
- 4 cucharadas de almidón de yuca/mandioca o almidón de papa
- 2 cucharadas de levadura nutricional (opcional)
- Sal al gusto
- Envase engrasado para refrigerar

Preparación:
1. Licua o procesa las papas, agrega el aceite, el ajo y el agua de la cocción.
2. Luego añade los almidones y la levadura, si la tienes, uno a uno, hasta obtener una mezcla homogénea.
3. Vierte en una olla y lleva a cocción a fuego bajo, removiendo con mucho cuidado durante 8 minutos, para que no se pegue, hasta que salgan burbujas.
4. Continua 5 minutos más, sin dejar de mover.
5. Engrasa un molde y vierte la mezcla. Hazlo en caliente para que tome forma.
6. Deja atemperar y refrigera hasta el día siguiente, para que solidifique y puedas rallarlo.

Tips:
- ★ Si no tienes levadura nutricional puedes utilizar especias, tales como ajo porro, cebollín, paprika y cúrcuma.
- ★ Si no tienes las especias, coloca 1 cucharada de aceite y sofríe: cebolla o cebollín, ajo porro, pimentón y ajo. Y agregar al licuado y continúas con todo lo demás. Añade un toque de vinagre de manzana, si no lo tienes coloca gotas de limón.

Leche de semillas de auyama/calabaza

Ingredientes:
- 1 taza de semillas de auyama
- 2 tazas de agua
- Endulzante al gusto

Preparación:
1. Retira las semillas de la pulpa de la auyama y lava bien.
2. Colocarlas en remojo por 2 horas aproximadamente.
3. Luego bota el agua de remojo.
4. Coloca las semillas en la licuadora.
5. Agrega las 2 tazas de agua y licua.
6. Cuela la leche y agrega el endulzante al gusto.
7. Disfruta.

Preparación:

★ Es una de las leches vegetales más económicas, y posee muchos beneficios: aporta vitaminas A, E y F y minerales magnesio, zinc, hierro y fósforo.

Leche de arroz básica

Ingredientes:

- 1 taza de arroz integral o 4 tazas de agua
- Sal
- Extracto de vainilla natural

Preparación:

1. En una licuadora combine 1 taza de arroz integral cocido con 4 tazas de agua y licuar hasta que la mezcla sea uniforme.
2. Añada un poquito de sal o 1 cucharadita de extracto de vainilla natural, para darle sabor.
3. Déjela reposar por 1 hora.
4. Coloca en un envase y refrigera.
5. Agítese bien antes de usar (rinde para 4 tazas).

Leche de nueces o semillas

Ingredientes:

- 1 taza de nueces (sustituible por almendras, avellanas, merey o macadamia)
- 2 y ½ tazas de agua

Preparación:

1. Moler las nueces en una licuadora, hasta que queden pulverizadas.
2. Lentamente añade de 2 a 2 y ½ tazas de agua, hasta obtener la consistencia deseada (rinde para 3 tazas).

Tips:

★ Esta es una leche de altas calorías muy buena, pues tiene ácidos grasos esenciales. Es una leche muy buena para postres y recetas.

Leche de almendras

Ingredientes:

- 1 taza de almendras (100 gramos)
- 1 litro de agua
- Endulzante al gusto
- Vainilla en vara, sarrapia o canela

Preparación:

1. Colocar una ollita con agua a hervir. Apenas rompa en hervor agregar las almendras y dejar solo 2 minutos.

2. Apagar, escurrir y proceder a quitar la piel de las almendras (con este tips salen súper fáciles).
3. Colocar en la licuadora las almendras e ir agregando el agua, poco a poco, hasta completar el litro.
4. Pasar por el colador de tela. Reservar el bagazo.
5. Volver a colocar en la licuadora, endulzar y agregar vainilla en vara, sarrapia o canela.
6. Refrigerar en envase de vidrio.

Tips:
★ En lo particular, no endulzó al momento de hacerla si no dependiendo de como la vaya a utilizar.

Leche de coco

Ingredientes:
- ½ taza de coco rallado (sin sulfuros)
- 1 taza de agua

Preparación:
1. En una licuadora combine ½ taza de coco rallado (sin sulfuros) y 1 taza de agua caliente.
2. Batir hasta obtener una mezcla uniforme.
3. Refrigere antes de servir (rinde para 1 ¼ de taza)

Ingredientes:
★ Particularmente da buen gusto a las sopas.

Leche de ajonjolí

Ingredientes:
- 2 cucharadas de ajonjolí
- Agua

Preparación:
1. Dejar en remojo 2 cucharadas de semillas de ajonjolí en 1 vaso de agua (por unas 9 horas o toda la noche).
2. Colar las semillas y botar el agua del remojo.
3. Sustituir por agua nueva (la misma cantidad, 1 vaso) y licuar.
4. Si quedan granitos sin partir, volver a colar.

Preparación:
★ Si deseas hacer un litro, remojar 8 cucharadas de semillas de ajonjolí en 1 litro de agua.

Leche de coco y ajonjolí

Ingredientes:

- 2 tazas de coco seco y sin piel marrón, cortado en trozos pequeños
- ½ taza de ajonjolí blanco
- Agua caliente

Preparación:
1. Coloca en remojo el ajonjolí durante 24 horas (dentro de la nevera), haciendo un cambio del agua de remojo a las 12 horas.
2. Transcurrido el tiempo del remojo, cuela el ajonjolí y desecha el agua de remojo, enjuagar bien con agua.
3. Llevar el coco y el ajonjolí a la licuadora con 3 tazas de agua caliente y procesar hasta obtener una mezcla uniforme.
4. Pasa por un tamiz o colador muy fino la mezcla.
5. Coloca lo que queda en el colador nuevamente en la licuadora y agrega 3 tazas de agua a temperatura ambiente.
6. Procede a colar nuevamente y listo.

Lechada de maní/cacahuate

Ingredientes:
- 1 taza de agua tibia
- 1 cucharada de mantequilla de maní

Preparación:
1. Procesan y listo, ya tienen su deliciosa y nutritiva lechada de maní.

Leche de semillas de melón:

Ingredientes:
- Semillas de melón
- 1 y ½ taza de agua
- Endulzante al gusto

Preparación:
1. Limpiar las semillas de melón y remojar por 1 hora.
2. Retirar el agua. Colocar en la licuadora junto al agua a preparar y licuar.
3. Pasar por el colador de tela.
4. Endulzar y disfrutar.

Tips:
★ Es excelente para realizar batidos eventualmente.

Leche de Merey

Ingredientes:
- 1 taza de merey natural
- 3 tazas de agua potable (un poco más para el remojo)
- Endulzante al gusto
- Vainilla en rama, canela o sarrapia

Preparación:

1. Remojar el merey durante mínimo 4 horas (otras personas lo hacen sin remojar).
2. Colar y lavar un poco.
3. Colocar en la licuadora junto con las 3 tazas de agua.
4. Luego de esto tienes 2 opciones: 1. Agregar el endulzante y vainilla y seguir licuando. 2. Pasar por un colador y luego volver a licuar con el endulzante y vainilla.
5. Colocar en jarra de vidrio y refrigerar.

Tips:

★ El merey es dulce, puede ser que no necesites añadir endulzante.
★ En lo particular, agrego algo de dulzor al momento de servirla, dependiendo de para qué la necesito.

Queso de almendras

Ingredientes:

- Bagazo de almendras (son los restos que quedan al colar la leche de almendras)
- ¼ de taza aceite
- 2 cucharadas de almidón de yuca
- 2 cucharadas de sagu/zulú/arrowroot
- 1 cucharadas de levadura nutricional
- 1 y ½ cucharadita de agar agar o gelatina sin sabor
- 1 cucharadita de zumo de limón o vinagre de manzana
- 1 cucharadita de sal (un poco más si es necesario)
- 1 y ½ taza de agua
- Pizca de cebolla en polvo
- Pizca de cúrcuma en polvo
- 1 diente de ajo

Preparación:

1. Colocar ½ taza de agua y disolver los almidones y el agar agar. Reservar.
2. Colocar en la licuadora la taza de agua restante y el bagazo de la leche de almendras, junto con todos los demás ingredientes, y licuar.
3. Llevar la mezcla de almendras a fuego, una vez hierva, agregar los almidones disueltos en agua, mezclar bien.
4. Cocinar por 2 minutos o hasta lograr una mezcla homogénea. Sin dejar de mezclar en ningún momento, para que no se pegue.
5. Vaciar en un molde inmediatamente y dejar enfriar.

Tips:

★ Si no tienes especias puedes hacer un sofrito con 1 cucharada de aceite + 3 rueditas de cebollin + 3 rueditas de ajo porro + pimentón picadito y esto se lo agregas al licuar.
★ La levadura nutricional no es lo mismo que la levadura de cerveza. Esta levadura nutricional es lo que permite obtener aún más sabor a queso, pero si no la tienes solo asegúrate de agregar buenas especias que den buen sabor.

Queso crema dulce de almendras

Ingredientes:
- Bagazo que queda al hacer la lechada de almendras o cualquier otra lechada
- Ají dulce
- 1 cucharada de aceite de oliva
- Sal marina
- Zumo de ½ limón
- 1 cucharadita de endulzante permitido
- 1 cucharadita de levadura nutricional

Preparación:
1. Sofreímos ají dulce picado en 1 cucharada de aceite de oliva. Se lo agregamos al bagazo.
2. Adicionamos 1 cucharadita de agar agar (opcional), sal marina, zumo de ½ limón, 1 cucharadita de endulzante y 1 cucharadita de levadura nutricional.
3. Llevamos a fuego hasta que burbujee, retiramos y dejamos enfriar.

Queso mozzarella de almendras

Ingredientes:
- Bagazo de almendras (restos al colar la leche de almendras)
- ¼ de taza aceite
- 2 cucharadas de almidón de yuca (indispensable)
- 2 cucharadas de sagu/zulú/arrowroot, de almidón de maíz o de harina arroz
- 2 cucharadas de levadura nutricional
- 1 y ½ cucharadita de agar agar o 3 cucharadas de gelatina sin sabor
- 1 cucharadita de zumo de limón o vinagre de manzana
- 1 cucharadita de sal (un poco más si es necesario)
- 1 y ½ taza de agua
- Pizca de cebolla en polvo
- Pizca de cúrcuma en polvo
- 1 diente de ajo (opcional)

Preparación:
1. Colocar todos los ingredientes en la licuadora y licuar.
2. Llevar a cocción a fuego medio-bajo y al romper en hervor, cocinar 2 minutos o hasta lograr una mezcla homogénea. Sin dejar de mezclar en ningún momento para que no se pegue.
3. Vaciar en un molde previamente engrasado inmediatamente apagues la cocina.
4. Deja enfriar un poco y lleva a la nevera unas horas.

Tips:
- ★ Si no tienes especias puedes hacer un sofrito con 1 cucharada de aceite + 3 rueditas de cebollin + 3 rueditas de ajo porro + pimentón picadito y esto se lo agregas al licuar.
- ★ Si no tienes a tu alcance levadura nutricional, asegúrate de colocar buenas especias.

Queso mozzarella de merey

Ingredientes:
- ½ taza de merey remojado por 12 horas
- ¼ de taza de aceite de girasol
- 2 cucharadas de almidón de yuca
- 2 cucharadas de arrowroot
- 1 cucharada de levadura nutricional
- 1 y ½ cucharada de agar-agar
- 1 cucharada de jugo de limón o vinagre de manzana
- 1 cucharadita de sal o un poco más
- 1 y ½ taza de agua
- Especias: pizca de cebolla en polvo, curcuma en polvo, mostaza en polvo o paprika en polvo

Preparación:
1. Lavar el merey. Colocarlo en la licuadora y agregar: 1 taza de agua, sal. las especias, aceite y levadura.
2. En la otra ½ taza de agua restante disolver: agar-agar, harina y almidón.
3. Llevar la mezcla de merey al fuego y una vez rompa en hervor, agregar los almidones disueltos en agua y mezclar bien.
4. Cocinar por 2 minutos o hasta tener una mezcla muy homogénea, sin dejar de mover para que no se pegue.
5. Luego vaciar en un molde inmediatamente, dejar enfriar y refrigerar. Puedes colocar un papel transparente arriba y abrirle huequitos para evitar más humedad.

Tips:
- ★ Si no tienes las especias, puedes darle sabor a tu queso haciendo un sofrito de: ajo, cebollín, ajo porro y pimentón. Haces el sofrito y agregas a la mezcla en la licuadora.

Queso de garbanzos

Ingredientes:
- 1 taza de garbanzos
- 2 tazas de agua (1 a 2 más para remojar los garbanzos)
- Vinagre de manzana o zumo de limón
- Cebolla, cebollin o cebolla en polvo
- Sal al gusto
- 1 diente de ajo
- 1 cucharada de aceite (preferiblemente oliva, girasol o maíz)
- Curcuma al gusto (si lo quieren con color)
- 1 cucharada de agar-agar (opcional)
- 1 cucharadita de levadura nutricional (opcional)

Preparación:
1. Colocar en remojo los garbanzos la noche anterior, con las tazas de agua adicionales, hasta cubrir un poco más los mismos.

2. Al día siguiente, lavarlos bien y dejar escurrir. Si usan cebolla o cebollín entero realizar un sofrito con la cucharada de aceite, el ajo machacado y la curcuma. Reservar.
3. Colocar en la licuadora las 2 tazas de agua restantes junto con los garbanzos y licuar.
4. Pasar por un colador fino. Reservar el bagazo que queda en el colador del garbanzo.
5. Tomar el agua de garbanzos y colocar nuevamente en la licuadora. Agregar el sofrito y licuar. Si usas agar agar agregarlo al licuado.
6. Colocar en una ollita y agregar sal al gusto, levadura nutricional, vinagre o gotas de limón. Mezclar bien y llevar a fuego lento sin dejar de remover hasta que espese y dejan unos minutos más. Recuerden, sin dejar de remover para que no se pegue.
7. Rectifiquen sabor. Apagar y colocar en un refractario previamente engrasado. Dejar reposar y llevar a la nevera.
8. Colocar papel transparente arriba haciéndole unos huequitos para evitar la humedad.
9. De 2 a 3 horas podrán desmoldar y disfrutar su queso.

Tips:

★ Agar-agar y levadura son opcionales. Si no la tienen pueden usar ¼ de cebolla, unas rueditas de cebollín y ajoporro, para dar más sabor.

O tras preparaciones

Proceso de germinación de granos

Ingredientes:
- Granos
- Agua
- Botella plástica o colador plástico o de aceró inoxidable (nunca aluminio)

Preparación:
1. Limpiar, lavar y colocar los granos en agua durante 2 horas. Colocar nuevamente en remojo durante 12 horas más.
2. Pasadas las 12 horas, retirar el agua y colocar en la botella plástica previamente agujereada (cortar un poco la base para poder introducirlos). O colocar en colador y rociarles agua.
3. Colocarlos en un sitio fresco y colocar un pañito sobre ellos para generar humedad.
4. Rociarles suficiente agua en los siguientes 3 a 4 días. Solo rociar no deben quedar muy húmedos. Hasta lograr su proceso completo de germinación.
5. Retirar la cáscara, y ya están listos para preparar en ensaladas, batidos, arroz y acompañantes de comida.

Tips:
★ Se puede remojar durante las 2 primeras horas con agua de Kéfir (opcional). Solo la primera y luego al cambiar agua, para evitar se acidifique.
★ Se sugiere que no lleven a cocción, para evitar que se pierdan nutrientes.
★ Consumir 2 a 3 veces por semana.
★ La mejor hora para consumir germinados es entre las 10:00 a.m y 2:00 p.m.
★ Jamás se debe consumir la cáscara, solo las raíces que son el germinado como tal.

Preparación adecuada para la cocción de granos

Ingredientes:
- Granos de preferencia
- Bicarbonato
- Hojas de laurel

Preparación:
1. Lavas bien los granos y los remojas con pizca de bicarbonato.
2. Cambias el agua varias veces durante unas 24 horas mínimo.
3. Lavar y llevar a cocción durante unos 15 minutos.
4. Apagas y botas esta primera agua que produce gases y flatulencias.
5. Llevas nuevamente a cocción con una hoja de laurel y haces tu preparación.

Preparaciones con ocumo

Ingredientes:
1. Ocumo (cantidad deseada)
2. Sal
3. Hojas de orégano

4. Harina de arroz o maicena

Preparación:
1. Pelar o quitar la piel del ocumo y lavar muy bien.
2. Pasar por el procesador de alimentos o licuadora hasta conseguir una crema, colocar sal y hojas de orégano.
3. Luego endurecer la masa un poco con harina de arroz o maicena, hasta formar una masa.

Preparación:
★ Podemos utilizar esta masa para hacer empanadas, arepas, pizza y colocar relleno de carne molida, pollo guisado, etcétera.
★ Es excelente para pasapalos, desayunos y meriendas.

Stevia (concentrado líquido casero)

Ingredientes:
- ¼ de taza de hojas de stevia
- Agua

Preparación:
1. En una jarra de vidrio o cristal se coloca una taza de agua caliente y ¼ de taza de hojas de stevia.
2. Dejar reposar de 8 a 12 horas y se repite el proceso, hasta que el líquido alcance el dulzor deseado.
3. Se cuela en un paño de hilo o un colador de café y se conserva refrigerado.
4. Se puede guardar en un gotero.

Harina de maíz

Ingredientes:
- Maíz pilado (cantidad deseada)
- Sal

Preparación:
1. Sancochar el maíz pilado hasta ablandar.
2. Luego lo pasas por la máquina de moler, le colocamos sal al gusto y amasamos para hacer arepas, etcétera.

Opciones de mezclas para empanizados

1. Opción 1: mezclar en partes iguales harina de yuca con harina de garbanzos. Agrego ajonjolí tostado, especias y sal marina.
2. Opción 2: mezclar casabe pulverizado, ajonjolí tostado, especias molidas y sal marina.
3. Opción 3: mezclar harina de coco o harina de almendras, ajonjolí tostado, especias y sal marina.

4. Opción 4: mezclar harina de yuca, harina de cambur verde, ajonjolí tostado, especias molidas y sal marina.

Preparación:
   ★ No siempre empanizo con huevos. Suelo acidificar con limón, leche vegana y agrego aceite de oliva. Paso por estos ingredientes y luego por cualquiera de los empanizadores.

Masa multifuncional de calabaza/auyama

Ingredientes:
   • 1 taza de puré de auyama
   • 2 tazas de Mix de harinas
   • 2 cucharadas de aceite
   • 1 cucharada de miel (opcional)
   • Especias al gusto, tales como cúrcuma y orégano
   • Pizca de sal

Preparación:
   1. Colocamos en un bowl el puré de auyama, aceite, miel, especias, sal y mezclamos.
   2. Amasamos hasta formar una masa moldeable que despegue de nuestras manos.
   3. Formamos nuestros pasteles, tequeños o empanadas.
   4. Freímos u horneamos y listo.

Masa multifuncional de ocumo

Ingredientes:
   • Ocumo sancochado al dente (dejar en la nevera la noche anterior para que suelte su propio almidón, al día siguiente rallar por el lado fino del rallador)
   • Pizca de sal
   • 2 cucharadas de aceite
   • Pizca de cúrcuma y orégano
   • ½ taza de almidón de yuca
   • Zanahoria o calabacín rallado (opcional), colocar sobre pañito y sacar excedente de líquido
   • 1 cucharada de chía o linaza (opcional)
   • Relleno de tu preferencia

Preparación:
   1. Tomar el ocumo y agregar sal, aceite, cúrcuma, chía o linaza y orégano.
   2. Agregar el almidón de yuca y la zanahoria o calabacín.
   3. Mezclar todo, amasar.
   4. Formar las bolitas, colocar sobre papel plástico. Colocar otro papel plástico arriba y presionar (si tienes pataconera úsala, si no haces presión con un molde sobre el plástico, dejándolas lo más delgadas posible).
   5. Hacer empanadas o pasteles como de costumbre, colocando el relleno que escojas.
   6. Colocar en bandeja previamente engrasada y llevar al horno hasta dorar.

Tips:
- ★ Puedes barnizar con aceite o miel con un toque de agua. Esto le dará un toque más crocante y dorado.

Macerado para tortas negras

Ingredientes:
- ¼ de taza de nueces
- ¼ de taza de almendras fileteadas
- ½ taza de confitura de naranjas
- ½ taza de frutas confitadas
- ⅓ de taza de pasas y ciruelas pasas
- ½ taza de ron (preferiblemente de Venezuela Santa Teresa)
- ½ taza de licor de naranja o cereza (usé Rhom Orange Liqueur)
- ½ cucharadita de canela molida
- ½ cucharadita de clavos molidos
- ¼ de cucharadita de nuez moscada recién molida
- ¼ de cucharadita de jengibre recién molido

Preparación:
1. Triturar un poco los frutos secos.
2. Mezclar todos los ingredientes.
3. Guardar el macerado en un recipiente con tapa, en un sitio oscuro y remover de vez en cuando.

Tips:
- ★ Puedes agregar cualquier nuez que te guste, así como también dátiles, cerezas y todo cuánto desees agregar.
- ★ Otra opción es solo macerar los ingredientes húmedos y colocar los frutos secos al momento de realizar la torta.
- ★ Las especias también puedes o no colocarlas en la maceración.
- ★ El licor siempre debe cubrir por completo. Lo ideal es que siempre sea un licor dulce y otro seco, en partes iguales.
- ★ Muchas personas solo maceran con un vino muy dulce.

Mix de harinas

Ingredientes:
- 1 y ½ taza de harina de arroz
- 1 y ½ taza de almidón de maíz o maizena
- 1 taza de harina de yuca
- 1 y ½ cucharadita de goma xanthan o goma guar

Preparación:
1. Mezclar todos los ingredientes poco a poco, hasta que queden bien integrados y reservar.
2. Tomar la cantidad necesaria para la receta que vayas a preparar.

Harina de yuca

Preparación:
1. Pelar la yuca, picar por la mitad (yuca blanca que se vea húmeda)
2. Cortar en rodajitas muy delgaditas.
3. Poner al sol por 3 días para deshidratar. También puede colocarse en el horno por un rato, hasta observar que esté dorada.
4. Moler en el procesador de alimentos.
5. Guardar herméticamente en lugar fresco.

Harina de almendras

Preparación:
1. Colocar las almendras fileteadas en una bandeja de aluminio.
2. Llevar al horno hasta verlas doraditas.
3. Dejar enfriar y moler en el procesador de alimentos.
4. Guardar herméticamente en lugar fresco y seco.

Harina de arroz

Preparación:
1. Partir el arroz en un molinillo.
2. Pasar el arroz por una licuadora.
3. Obtenemos arroz en polvo.
4. Guardar herméticamente en sitio seco y fresco.

Harina de papa

Preparación:
1. Se pelan las papas.
2. Se filetean en laminitas delgadas.
3. Se tuestan en el horno para que se sequen, deshidratándolas (estar pendiente de que no se quemen).
4. La papa se contrae y queda crujiente.
5. Se lleva al procesador o licuadora.
6. Guardar herméticamente en lugar seco y fresco.

Harina de soya

Preparación:
1. Se remoja el grano de soja por 12 horas.
2. Se lava y se cambia el agua varias veces.
3. Secar el grano en el horno.
4. Moler en la licuadora o picatodo.
5. Guardar en lugar seco y fresco de forma hermética.
6. Se puede usar en cualquier preparación, sustituyendo otras harinas.

Harina de garbanzo

Preparación:
1. Tomar los garbanzos y colocarlos en el procesador de alimentos.
2. Guardar en lugar seco y fresco.
3. Puede ser utilizado para sopas.
4. Puede aromatizarse con ajo y perejil, uno de sus usos es para rebozar alimentos.

Tips al hacer harinas

★ Para conseguir una harina más fina y uniforme, se puede tamizar con un colador.

★ Si no se consigue polvo de hornear sin gluten, se puede sustituir cada cucharadita por la siguiente mezcla: ½ cucharadita de fécula de maíz, ½ cucharadita de cremor tartaro y ½ cucharadita de bicarbonato.

★ Se puede usar stevia natural para endulzar el agua y utilizarla para preparar nuestros jugos. Colocar varias hojas en el agua, reservar en la nevera de un día para otro. Cada día que pasa se torna más dulce.

S ustitutos del huevo

A continuación, algunos sustitutos del huevo que pueden emplear en recetas que no excedan 2 huevos. Todas estas opciones equivalen a 1 huevo:

1. 5 huevos de codorniz.
2. ½ banana hecha puré.
3. ¼ de taza de puré de manzana.
4. 1 cucharada de linaza + 3 cucharadas de agua tibia (dejar reposar).
5. 1 cucharada de agar agar + 2 cucharadas de agua tibia (disolver).
6. 3 cucharadas de mantequilla de maní o de almendras.
7. 1 cucharada de chía + 3 cucharadas de agua (dejar reposar 10 minutos).

Sustitutos del gluten

Los sustitutos del gluten son aquellos que mejoran las propiedades físicas de la masa. Es decir, que hacen que la masa cohesione, le confiere elasticidad y aumenta la absorción de agua.

Y existen sustitutos de diversos tipos y origen, por lo que según el tipo de producto que queramos preparar decidiremos cuál o cuáles utilizar. A continuación explicaremos cómo se clasifican:

Harinas madres

Existen de dos tipos:
1. Las duras, que son las que vienen de los granos como: la harina de arroz y la harina de maíz.
2. Las suaves, que son las que provienen de tubérculos como: la harina de papa, la harina de ocumo y la harina de ñame.

Harinas de unión

Son todos los almidones. Aquí se incluye el almidón de maíz, de yuca, de papa y de plátano.

Harinas para enriquecer

Son aquellas de: zanahoria, ahuyama y almendras. También las hay de otros frutos secos como: amaranto, garbanzo, lentejas, caraotas negras, caraotas blancas y frijoles.

Mezclas de harinas

Las mezclas personalizadas deben tener dos harinas madre (una dura y una suave) y una harina de unión. Además es importante intentar incluir una de enriquecer, para subir el valor nutricional.

Gomas

1. La goma xanthan es algo muy importante que debemos tener en los ingredientes para hornear, es la que controla la miga del pan o torta que desee hacer, se dice que si la receta resulta con mucha miga se le debe poner más goma. Además, también le da esa elasticidad propia de los panes y tortas de harina de trigo. Es extraída del maíz, así que el que tenga problemas de alergia o intolerancia a este cereal no debe usarlo.
2. La goma guar se utiliza en las mismas cantidades y con el mismo efecto, pero a personas sensibles les puede causar un efecto laxante.

Tips o trucos culinarios que harán que tus platillos beneficien más a tu salud

★ Incluye en tu dieta semillas de sésamo, estas semillas son una fuente muy rica en calcio. Al agregarlas en ensaladas o panes, lucirán atractivas y apetitosas.

★ Fríe en caldo, no en aceite. Unas cucharadas de caldo de huesos son suficientes para hacer tus platillos más saludables. A pesar de que también tiene grasa, su contenido es menor que el del aceite.

★ Congela los caldos de huesos, preparar un caldo y congelar en moldes para hielos en forma de cubos es una genial idea. Pues estos al ser agregados en tus comidas intensificarán el sabor.

★ Utiliza especias, muchas especias fortalecen tu sistema inmune y pueden transformar el platillo más insípido del mundo. Elige las que más te gusten.

★ Reemplaza la sal yodada con sal marina, la sal marina, a diferencia de la sal yodada, no consiste únicamente en cloruro de sodio, también contiene otros minerales como: potasio, sodio, calcio, magnesio, hierro, yodo, entre otros.

★ Prepara tus verduras al vapor, las verduras al vapor siempre es la mejor alternativa. Es muy sencillo y quedarán más saludables. Y si las preparas cocidas, es mejor agregarlas al agua cuando ya esté hirviendo, así conservarán más cualidades nutritivas y vitaminas.

★ Cocina con aceite de oliva extra virgen, aceite de coco y de aguacate, ya que no son tan procesados como los regulares.

Tips para hacer galletas

★ Elegir una receta y seguirla tal cual se indica, al menos la primera vez.

★ Si vas a probar y consideras que el material a emplear es mucho, haz la mitad como prueba (aplica para toda receta).

★ Se recomienda, por lo general, que todos los ingredientes estén a temperatura ambiente.

★ Tamizar los ingredientes secos, así lograrás ingredientes más livianos, evitarás los grumos, aportamos aire a la harina y conseguiremos evitar imperfecciones.

★ Al realizar la masa, llevar a la nevera mínimo por 10 minutos.

★ Si usan cortadores, espolvorearlos con harina, eso evita que se queden pegados. Aplica también para rodillo.

★ Todos los hornos son diferentes pero, por lo general, las galletas están entre los 10 a 15 minutos (al dorar ligeramente los bordes). Esto si son finas. Parecerán crudas, pero al enfriar estarán listas.

★ Eviten tocar las galletas apenas salgan del horno porque se desmoronan.

★ Esperen unos 5 minutos antes de colocar en las rejillas a enfriar.

★ No guarden galletas sin dejar que reposen lo suficiente, porque se pondrán blandas y se dañarán más rápido.

Ayúdame con tu reseña

Tu reseña es muy importante pues me ayuda a llegar a otras personas. **Solo te tomará 1 minuto o menos dejármela, pero a mí me ayudará eternamente.**

¿Cómo dejar tu reseña? Es sencillo, solo debes:

1. Solo debes ir a Amazon, a tu apartado de compras y buscar el recetario.
2. Haz clic en él y baja hasta el final de la página de Amazon.
3. Presiona en *"Escribir mi opinión"* y coloca la puntuación y reseña que desees... Tal como lo ves en la siguiente imagen:

¡De antemano mil gracias, Dios te bendiga!

Glosario de sinónimos de nombres de los alimentos

A

- Acelga, Acelgas
- Aguacate, Aguacates, Aguacato, Avocado, Aguacatero, Palta, Abacate, Abocado, Aguacatillo
- Ajo
- Ajoporro, Puerro, Ajo porro, Ajoporro, Porro
- Albahaca, Alhábega, Alfábega, Basílico, Hierba real, Hierba de los reyes, Alfavaca, Albahaca de limón, Albahaca francesa, Albahaca mondonguera, Albahaca moruna, Albahaquita
- Alcachofa, Alcachofas, Alcaucil, Alconcil, Cardo de comer
- Albaricoque, Albaricoques, Duraznos, Albaricoquero, Damasco, Damasquillo, Chabacano
- Alcaparra, Alcaparras, Alcaparrones, Alcaparro, Alcaparrera, Alcaparrón, Alcaparronero, Caparro, Haba del diablo, Tapenera, Cabriola, Palo del diablo
- Alcaravea, alcarahueya, carvia, alcaravia, comino de prado
- Alubias, Frijoles, Caraotas, Fabas, Fabes, Judías
- Anacardo, Anacardos, Castaña de cajú, Jocote, Marañón, Nuez de cajú, Nuez de caoba, Merli, Acacauba, Acajú, Acayoba, Cajuil, Caracolí, Caují, Caujil, Cayutero, Merey
- Anón, Anona, Anona blanca, Anona del Perú, Riñón
- Apio, Célery
- Apio nabo, Apionabo, Apionabos, Apio rábano
- Arándano, Arándanos, Arándano europeo, Mirtilo, Rasponera, Uva de bosque, Uva de monte, Agraz silvestre, Mortiño, Camueza, Vichacha (Cranberries, Blueberries)
- Árbol del pan, Fruta de pan, Arbopán
- Auyama, Calabaza, Calabazas, Zapallo, Calabacera
- Avellana, Avellanas, Avellano, Avellanera, Avellanero, Ablano, Nochizo
- Azafrán, Flor de azafrán

B

- Banana, Bananas, Banano, Bananos, Cambur, Guineo, Plátano, Plátanos, Platanero
- Batata, Batatas, Boniato, Boniatos, Camote, Moniato, Papa dulce, Batata azucarada, Patata dulce, Batata de Málaga, Patata de Málaga
- Bellota, Bellotas, Encinas
- Berenjena
- Berro, Cresón, Mastuerzo
- Berza, Col forrajera, Col silvestre, Repollo salvaje.
- Brócoli, Brócolis, Brécoles, Brócoli, Bróculi, Brécol

C

- Cacahuetes, Cacahuete, Cacahuate, Maní, Mandubí, Manduví
- Cacao, Cacaotero

- Cafeto, Cafetos, Cafetero, Planta del café, Café
- Calabacín, Calabacines, Zapallito italiano
- Calabaza, Calabazas, Zapallo, Calabacera, Auyama
- Calabaza confitera, Calabaza cabello de ángel, Alcayote, Alcayota, Cidra, Zapallo gigante, Calabaza blanca
- Calamondín, Naranjo chino, Calamondia, Naranjita de San José, Naranjita del obispo
- Canónigo, Canónigos, Hierba de los canónigos, Valerianela, Lechuga de campo
- Caña de azúcar, Caña dulce, Cañaduz, Cañamiel
- Caqui, Caquis, Kaki, Kakis, Lodoñero, Palosanto, Caquilero, Persimón
- Carambola, Carambolo, Carambolos, Tamarindo chino, Tamarindo culí, Árbol del pepino, Carambolera, Carambolero
- Cardo de España, cardos, cardillo, capacaballo, alcaucil silvestre, carde de Castilla, cardo de comer, cardo pesquero, cardo de huerta
- Castaña, Castañas, Castaños
- Cebolla, Cebollas, Cebolla temprana, Cebolla tardía
- Cebolleta, Cebolletas, Cebolla verde, Cebolla de invierno, Cebolla de verdeo, Cebolla inglesa, Cebollino inglés, Cebollino japonés
- Cebollino, Cebollinos, Ciboulette, Cebollín
- Célery, apio, apio España
- Cereza ácido, Guindo, Cerezo guindal, Guinda, Guindas
- Cereza, Cerezas, Picota, Picotas, Cerezo, Cerezos
- Chalotes, Chalote, Chalota, Chalotas, Ascalonia, Escaluña, Escalonia
- Champiñón, Champiñones, Champignon, Seta de París
- Chayota, Chayote, Cidra, Cidra papa, Papa de pobre, Zapallo japonés, Papa del aire, Huasquil, Shamú, Tayote, Mirliton, Chochon.
- Chicozapote, Chicozapotes, Chico zapote, Zapota, Zapote chico, Zapotillo, Sapodilla, Sapotí, Mamey zapote, Nisperillo, Níspero de Nicaragua, Sapota, Zapote de abeja, Zapote de chicle
- Chiles, Chile, Pimiento de Cayena
- Chirimoya, Chirimoyas, Chirimoyo, Chirimoyos
- Chirivía, Chirivías, Pastinaca, Apio de campo
- Cidra, Cidras, Cidro, Cidros, Toronja, CidreraCilantro, culantro, coriandro
- Ciruela, Ciruelo
- Clavo de especia, clavo de olor, Eugenia aromática
- Coco, Cocos, Cocotero, Palma de coco
- Col china, Repollo chino
- Col común, Coles, Repollo
- Col de Bruselas, Coles de Bruselas, Repollo de Bruselas, Repollitos, Berza de Bruselas, Repollito de Bruselas
- Col de Milán, Coles de Milán, Repollo de hoja rizada, Col de Saboya, Repollo crespo
- Col lombarda, Col roja, Col morada, Repollo rojo, Repollo morado
- Col rizada, Coles rizadas, Brecolera, Col gallega, Col crespa, Col enana, Col escocesa, Col forrajera, Col caballar
- Coliflor, Coliflores, Minicoliflores
- Colinabo, Rutabaga, Nabo de Suecia, Nabicol, Nabo suizo, Nabo sueco, Nabo blanco
- Colirrábano, Colirrábanos, Colinaba, Col rábano

- Curuba, Curubas, Taxo, Tumbo, Parcha, Tacso, Granadilla cimarrona, Parchita en las Islas Canarias

E

- Endibia, Endibias, Endivia, Endivias, Achicoria de Bruselas
- Eneldo, Abezón doméstico, Anega, Aneldo, Anella, Anetaverón, Aneto, Avezón doméstico, Eneldo viscoso, Hinojo hediondo, Neeneldo
- Escarola
- Espárrago blanco, Espárrago verde, Espárragos blancos y verdes
- Espinaca, Espinacas, Espinafré
- Estragón, Dragoncillo

F

- Frambuesas, Churdón, Chordón, Sangüesa, Sangüeso, Frambueso
- Fresa, Fresas, Fresón, Fresones, Frutilla, Frutillas, Fresal, Fresera, Amarrubia, Madroncillo, Mayueta
- Frijoles, Caraotas, Alubias, Porotos, Frejoles, Judías, Habichuelas, Frisoles, Habas, Fabas, Fréjol

G

- Granada, Granadas, Granado, Granados
- Grosella espinosa, Grosellero espinoso, Uva espina, Uvas espinas, Agrazón, Limoncillo, Limoncillos, Algaraz, Algarzón, Escambrones, Grosella blanca, Grosella de Europa, Grosellera, Uva crespa, Uva crispa, Zarramonera
- Grosella negra, Grosellas negras, Casis, Grosellero negro
- Grosella roja, Grosella, Grosellas, Grosellero rojo, Uva de señora
- Grosella espinosa india, Grosella espinosa, Grosellero espinoso, Uva espina, Uvas espinas, Agrazón, Limoncillo, Limoncillos, Algaraz, Algarzón, Escambrones, Grosella blanca, Grosella de Europa, Grosellera, Uva crespa, Uva crispa, Zarramonera (Ribes uva-crispa, Ribes grossularia)
- Guanábana, Guanábanas, Guanábano, Catuche, Catoche, Anona de México, Anona, Graviola, Anona de la India, Mole
- Guisante verde, Guisante, arveja, Chícharo, Petit Pois
- Guayabo, Guayabos, Guayaba, Guayabas, Guayabero

H

- Habas verdes, Habas
- Habichuela verde, vainita, judía verde, judía de enrame, frijol, poroto
- Higo chumbo, Higos chumbos, Tunos, Chumbera, Nopal, Tuna, Tunera, Higos, Chumbera, Tuna de Castilla, Tuna de España, Tuna española, Tuna blanca, Alquitira, Cardón de México, Choya, Higo de Barbaria, Higo de pala, Higuera de pala, Higuera de plata, Nopal castellano, Palera, Penco, Tasajillo

J

- Jengibre, Gengibre, Kion, Kion peruano (antiguamente conocido como Guiong)
- Jiló, Giló (Solanum gilo), Berenjena brasileña, Berenjena verde tropical, Berenjena verde del Brasil, Jardín de los huevos
- Judías verdes, Judía verde, Habichuelas verdes, Judías de enrame, Frijol, Poroto, Vainas, Fréjoles

K

- Kale, Col rizada, Col berza, Col crespa
- Kiwi, Kiwis, Grosellero chino, Grosella china

- Kumquat, Kumquats, Kunquat, Cumquat, Naranjo enano, Naranja enana, Naranja japonesa

L

- Laurel, Llorero, Laurel de condimento, Laurel de España, Laurel del Mediterráneo
- Lavanda, Alhucema, Espigolina, Lavándula
- Lechugas, Lechuga iceberg, Lechuga romana
- Lichi, Litchi, Litchis, Ciruela de China, Mamoncillo chino, Licha, Mamón chino, Longan, Rambután, Rambut, Achotillo
- Lima, Limas, Limón ceutí, Limón dulce, Limero

M

- Macadamia, Macadamias, Nuez australiana, Nueces de Australia, Avellano de Australia, Nuez de Australia, Macadán, Nuez de macadamia, Nueces macadamia
- Maíz dulce, Adaza, Arcazaba, Arto, Artua, Borona, Cabellera de maíz, Cañota, Cañote, Choclo, Dacsa, Dacxa, Espigón, Farfolla, Hojas, Mainzo, Maísa, Maíz, Mazorca, Mijo turquesco, Mijo turquescos, Millo, Milloca, Millu, Mixu, Miyu, Nixa, Palo de piña de maíz rubio, Pánico de Indias, Paniza, Paniza de maíz, Paniza roja, Panizo, Panizu, Panocha, Panoja, Panojas, Pelo de maíz, Pelo de panoja, Pelos, Pelos de panocha, Pelusa, Piña, Rosetas, Sara sara, Trigo de Indias, Trigo de la India, Trigo de las Indias, Trigo de maíz, Trigo de Turquía, Zuro de mazorca, Jojoto, Elote, Olote, Jilote, Choclo, Elite
- Malojillo, caña de limón, caña santa, hierba de la calentura, hierba limón, limonaria, limoncillo, paja de limón, hierba luisa, citronella
- Mandarina, Mandarinas, Mandarino, Mandarinos, Naranja mandarina, Mandarina clementina, Tangerina
- Mandioca, Yuca, Tapioca, Casava
- Mango
- Mangostán, Mangostino, Mangostinos, Mangostín, Mangosto, Jobo de la India, Mangosteno, Manzana de oro
- Maní, Cacahuate
- Manzana, Manzano
- Maracuyá, Granadilla, Granadillas, Pasionaria, Frutos de pasionaria, Fruta de la Pasión, Fruto de la Pasión, Parchita, Burucuyá, Chinola
- Mejorana, Mayorana, Majorana, Mejorama, Manjerona
- Melisa, Toronjil, Hierba de limón, Citronela, Abejera, Apiastro, Bedaranjí, Cedrón, Hierba luna, Cidronela, Citraria, Hoja de limón, Torongil, Toronjina, Hierbabuena
- Melocotón, Melocotonero
- Melón
- Membrillo, Azamboa, Azamboero de Granada, Bembrillas, Bembrillero, Bembrillo, Cacho, Codón, Codonera, Codoñato, Codoñera, Coduñer, Gamboa, Marmello, Membrilla, Membrillal, Membrillar, Membrillera, Membrillero, Membrillero común, Membrillo de Portugal, Zamboa, Zamboa de Granada, Zamboero, Corcia, Lucuma de Castilla
- Menta, Piperita, Menta inglesa, Menta negra
- Mora, Moras, Mora negra, Morera, Moreras, Moral

N

- Nabo blanco, Rutabaga, Colinabo, Nabicol, Nabo suizo, Nabo de Suecia, Nabo sueco
- Nabo de mesa, Col verde, Nabiza

- Naranja, Naranjo
- Nashi, Pera oriental, Pera japonesa, Peral de las arenas
- Nectarina, Nectarinas, Nectarino
- Níscalos, Níscalo, Rovellón, Rovellons, Mízcalo
- Níspero, Nísperos, Níspero del Japón, Nisperero del Japón
- Nopal, Tuna, Chumbera, Higos chumbos, Tunera, Tuna de Castilla, Tuna de España, Tuna española, Tuna blanca, Alquitira, Cardón de México, Choya, Higo chumbo, Higo de Barbaria, Higo de pala, Higo de México, Higo mexicano, Higuera de pala, Higuera de plata, Nopal castellano, Palera, Penco, Tasajillo
- Nuez americana, Nueces americanas, Nogal americano, Nueces de pacana, Nuez pecán, Nuez pecana, Pecana, Pacano, Pecadero, Nogal de Illinois, Nogal pacanero, Nogal pecanero, Nuez de Illinois, Pacán
- Nueces, Nuez común, Nogal, Noguera
- Nuez de Brasil, Nueces de Brasil, Coquito de Brasil, Nuez de la Amazonía, Nuez del Pará, Castaña amazónica, Castaña del Brasil, Árbol de la castaña
- Nuez moscada, Moscadero

Ñ

- Ñame, Alocasia, Oreja de elefante, Colocasia, Marquesa, Alcolcaz, Manto de Santa María, Ñame de Canarias, Taro de jardín, Yam, Cará

O

- Okra, Quimbombó, Quingombó, Ají turco, Gumbo, Gombo, Algalia, Angelonia, Ocra, Yerba de culebra, Molondrón
- Oliva, Olivas, Aceituna, Aceitunas, Olivo, Olivos, Olivar
- Orégano, Mejorana silvestre, Orenga
- Ocumo, Tiquisque, Chonque, Guaje, Gualuza, Macabo, Macal, Madumbre, Mafafa, Malanga, Malangay, Ocumo Chino, Oreja de Elefante, Otó, Pituca, Qiscamote, Turnero, Uncucha, Yautí

P

- Papaya, Papayas, Papayo, Papayero, Mamón, Fruta bomba, Lechosa, Árbol del melón, Melón zapote, Melón del trópico
- Paraguayo, Paraguayos, Paraguaya
- Patata, Patatas, Papa, Papas
- Pepino, Pepinos de ensalada, Cohombro, Alpicoz
- Peras, Perales, Variedades: Peras de San Juan, Perojos de San Juan, Peretas de San Juan; Ercolina, Ercolini; Conferencia; Blanquilla; Comicio; Concord; Limonera; entre muchas.
- Perejil, Perejil rizado, Perejil silvestre
- Physalis Peruviana, Aguaymanto, Capulí, Tomatito Silvestre, Uchuva, Uvilla, Cereza de Los Andes
- Pimientos, Ají, Pimiento morrón, Pimientos morrones, Pimentón, Pimentones, Chiltoma
- Piña tropical, Piña americana, Ananás, Ananá, Piña de América
- Piñón, Piñones, Pinos piñoneros
- Pistacho, Pistachos, Pistachero, Alfóncigo, Alfónsigo, Alhócigo, Árbol de los pistachos
- Pitahaya, Pitahayas, Pitajaya, Pitaya, Tasajo
- Plátano, Plátanos, Banana, Bananas, Banano, Bananos, Cambur, Guineo, Platanera, Platanero

- Pleurotus, Gírgola, Seta común, Seta de ostra, Seta ostra, Hongo ostra, Hongos ostras, Orejón, Seta de chopo
- Pomarrosa, Pomarrosas, Jambolero, Manzana rosa, Pomarroso, Yambo
- Pomelo, Pomelos, Toronjo, Toronjas, Toronjero – Citrus x paradisi
- Pummelo, Pummelos, Shaddok, Zamboa

R

- Rábano, Rábanos, Rabanillo, Rabanito, Nabo chino
- Rambután, Rambutanes, Achotillo, Rampostán, Mamón chino
- Remolacha, Betarava, Betarraga, Beterava, Beterrada, Betabel, Remolacha roja, Remolacha de huerta
- Ruibarbo, Rapóntico
- Romero, Romeo, Rosmarino
- Rutabaga, Colinabo, Nabicol, Nabo suizo, Nabo de Suecia, Nabo sueco, Nabo blanco

S

- Salvia, Salima fina, Hierba sagrada, Salvia común, Salvia de Castilla, Salvia de Granada, Salvia del Moncayo, Salvia fina, Salvia oficinal, Salvia real
- Salsifí, Salsifí blanco, Barba de cabra, Barbón, Ostra vegetal, Planta de ostras
- Salsifí negro, Escorzonera, Salsifí de España, Tarinetes
- Sandía, Sandías, Chicayote, Patilla
- Seta de cardo, Setas de cardo

T

- Tangelo (Híbrido entre mandarina y pomelo, parecidas a las naranjas)
- Tomate de árbol, Tomate de palo, Tomate arbóreo del Perú, Tamarillos, Tomates tamarindo, Tomates venezolanos, Tomate francés, Cifomandra
- Tomate, Tomatera, Jitomato
- Tomillo, Tremoncillo
- Tupinambo, Tupinambos, Pataca, Aguaturma, Alcachofa de Jerusalén, Criadilla de agua, Castaña de tierra, Marenquera, Ajipa, Batata de caña, Batata tupinamba, Papa de caña
- Trufas, Trufa negra, Trufa de Périgord, Trufa blanca, Tartufo blanco piamontés
- Tomatillo, Uchuva, Uvilla, Guchuva, Vejigón, Topetorope, Aguaymanto, Alquequenje, Topo-topo, Capulí, Poga poga, Tomate silvestre, «cape gooseberry» (en inglés), «judaskirsche» (en alemán), «coqueret du perou» (en francés).

U

- Ugly (feo), Pummelo, Zamboa (cruce de mandarina y pomelo, más similar al pomelo en su sabor)
- Uva

V

- Valeriana, Hierba de San Jorge, Milamores, Valeriana roja, Centranto

Z

- Zarsamora, Zarzamora, Zarza

Made in the USA
Coppell, TX
07 November 2024

39810556R10109